本书编委会

（按姓氏拼音排序）

新时代·数字经济高质量人才培养系列（数字化治理）

《中华人民共和国数据安全法》理解与实施

（律师视角来看数据要素国家战略的基本法）

◆ 垦丁·网络法·学社　编著

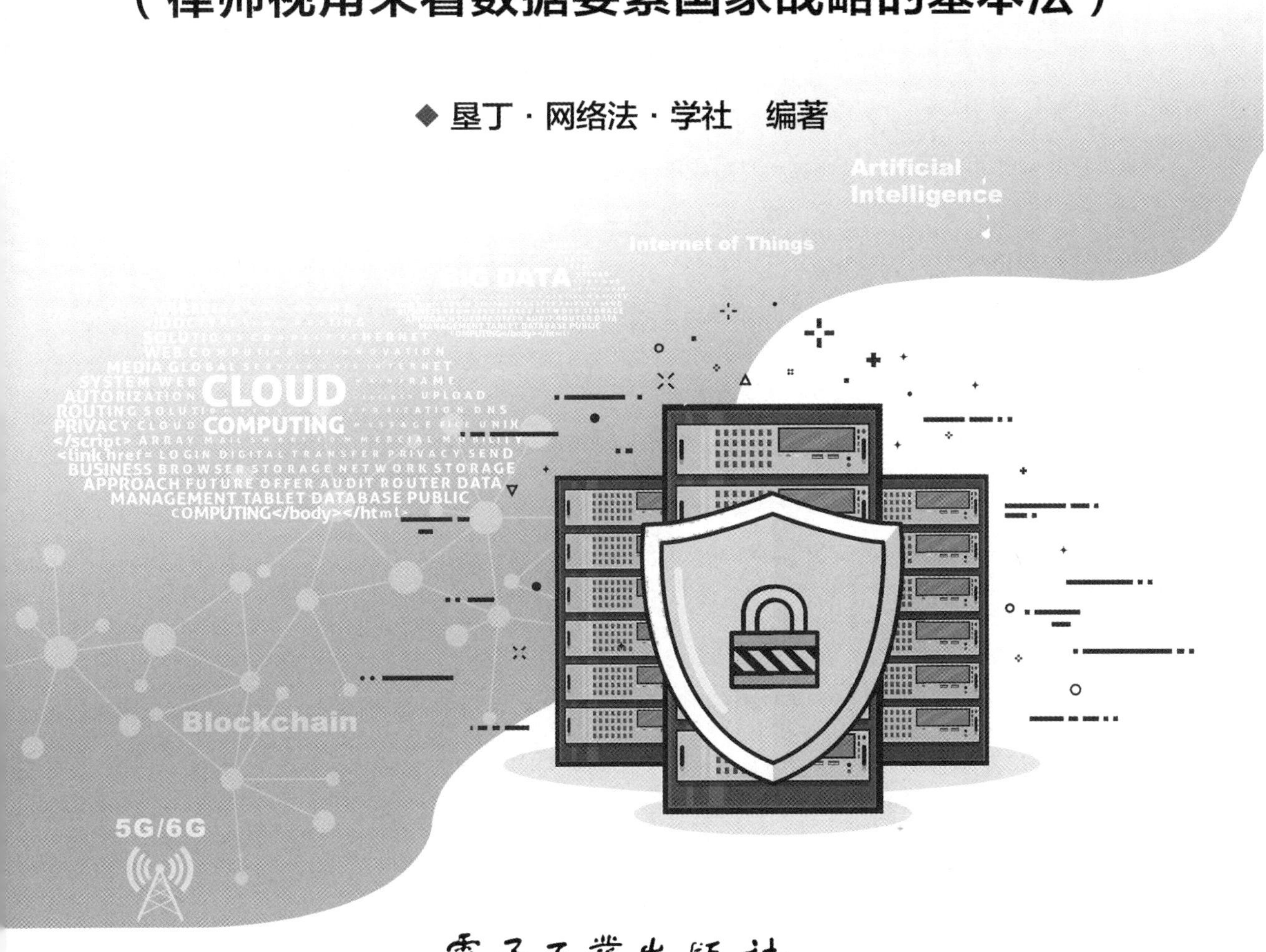

電子工業出版社
Publishing House of Electronics Industry
北京·BEIJING

内容简介

本书主旨明确，紧紧围绕《中华人民共和国数据安全法》的条文，对其中提及的各项法规和具体的规范要求进行分析，同时针对某些衍生问题进行探讨。本书采用的讨论分析方法包括法规比较、案例研讨、跨学科研究等，不局限于《中华人民共和国数据安全法》单一条文、单一法规和法律的单一领域，而是将《中华人民共和国数据安全法》与相关法规、已有案例、实务示例甚至法律逻辑与经济原理相结合，为《中华人民共和国数据安全法》实施的合规提供合适的建议。

本书由深耕数据安全中不同具体领域的实务工作者共同完成，发挥所长，希望能在数据安全的各项制度、各环节为读者提供实质性帮助。

图书在版编目(CIP)数据

《中华人民共和国数据安全法》理解与实施：律师视角来看数据要素国家战略的基本法 / 垦丁·网络法·学社编著. —北京：电子工业出版社，2022.3

ISBN 978-7-121-43133-3

Ⅰ. ① 中… Ⅱ. ① 垦… Ⅲ. ① 数据管理—安全管理—科学技术管理法规—法律解释—中国 Ⅳ. ① D922.175

中国版本图书馆 CIP 数据核字（2022）第 042484 号

责任编辑：章海涛　　　　特约编辑：张　玉
印　　刷：天津千鹤文化传播有限公司
装　　订：天津千鹤文化传播有限公司
出版发行：电子工业出版社
　　　　　北京市海淀区万寿路 173 信箱　邮编　100036
开　　本：787×1092　1/16　　印张：13.25　　字数：248 千字
版　　次：2022 年 3 月第 1 版
印　　次：2022 年 3 月第 1 次印刷
定　　价：68.00 元

凡所购买电子工业出版社图书有缺损问题，请向购买书店调换。若书店售缺，请与本社发行部联系，联系及邮购电话：（010）88258888，88254888。

质量投诉请发邮件至 zlts@phei.com.cn，盗版侵权举报请发邮件至 dbqq@phei.com.cn。

本书咨询联系方式：192910558（QQ 群）。

前 言

数字经济在全球范围内的高速推进发展使数据越来越成为影响全球竞争的关键战略性资源。近年来，5G、人工智能、物联网、虚拟现实等相关技术的快速发展不仅推动了数据体量的新一轮爆发式增长，也强化了数据与国家发展、个人生活的联系，同时在不同的数据应用场景内衍生出新的数据安全问题，让数字经济的发展伴随着机遇与挑战。

国内外的数据安全事件屡有发生，并且随着大数据技术等新技术的更新迭代，数据应用场景和数据分析挖掘的多样化发展，使得数据权属管理和抵御安全攻击的难度也随之提升，而不断增强的数据流通需求进一步加剧了数据被盗用、误用、滥用的风险系数。例如，巴西某数据库的数据被破坏，泄露的数据包含 1.04 亿辆汽车和约 4000 万家公司的详细信息；印度 800 万份核酸检测结果泄露，包含姓名、年龄、婚姻状况、检测时间、居住地址等敏感个人信息；美国保险巨头 CNA 公司的系统被勒索软件锁定，攻击者窃取数据并勒索赎金。国内的数据安全现状同样不容轻视，2021 年 10 月 31 日，我国国家安全机关公布三起危害重要数据安全的案件：网络攻击，境外咨询公司与国内航运工作人员建立"合作"，以及个人在重要军事基地周边非法架设气象设备。这表明保护数据安全不仅需要依靠过硬的加密技术、防攻击应急措施等技术手段来维护，还需要提升数据安全意识、严格落实数据安全责任、加强人员管理。数据安全是上下一体、各方协调的综合性运维的结果。

在互联网发展蓬勃的地区，很早就有法律人站出来，主张数据主体的权益，也出现越来越多支持主张的司法判决。然而终究是少了立法和国家层面的重视，对数据的保护迟迟没有成为全民通识。2021 年 6 月 10 日，《中华人民共和国数据安全法》（以下简称《数据安全法》）通过，并于 2021 年 9 月 1 日起施行，这意味着数据今后便是国家基础性的战略资源。大数据产业化势在必行，必须建立健全大数据安全保障体系，对大数据平台及大数据服务商进行安全风险评估。这涉及几乎所有的企业、事业单位甚至政府部门。

整个大数据生态系的合规，在建设上有四个范畴：运营者与数据主体之间，运营者对数据和系统的保护，数据安全问题的容错、服务，以及以上三者的基础设施。这些都需要数据安全人员和法律人通力合作，来完成数据安全方面的专业服务。

关于数据安全方面的人员建设问题，欧盟的 *General Data Protection Regulation*（GDPR，《通用数据保护条例》）中明确表示，企业必须有专门的数据保护官来承担企业数据合规保护职责的职能角色，主要任务是帮助企业遵守 GDPR 规定。

我国的数据安全队伍建设尤其是数据安全领域的法律人群体的构建仍然处于分散阶段。国内没有形成相对完善的数据保护官制度，也没有对数据安全的有关责任人形成统一的执业要求和具体细致的责任要求，只是仅有部分企业、机构提供不同的课程来承接数据安全负责人的培训工作。数据安全职责的承担更多地被分散于各环节的技术、业务、法务等部门，由部门负责人和直接责任人共同承担。目前，一些企业开始了实践探索，如腾讯公开招募个人信息保护外部监督委员会成员，携程发布招募个人信息保护外部监督专家团信息等。从当前的数据安全风险现状和一些头部互联网企业的实践探索可知，数据安全领域的人员需求非常大，数据安全相关的法律人员队伍建设非常必要。

然而，大部分法律人是文科背景，在实践中，很多律师和法务对数据、网络信息等基本概念的掌握，并不那么驾轻就熟，对法规法条的解读更是存在很大的个人理解差异，以及落地方式不确定。本书意从宏观层面去帮助法律人理解数据安全法，包括各种相关制度、个人信息/个人隐私及有关的处理、数据的妥善应用、风险审查制度的搭建，以及与民生相关的政务数据安全和开放等。因此，本书将数据安全中的问题、常识结合法律法规系统而全面地向法律人进行宣传普及，能够有助于之后的数据安全实务工作。

保障数据安全就是保障以数据为核心生产要素的经济发展。当今社会对数据的获取需求与应用需求均呈现爆炸式增长。尤其是随着 NFT、元宇宙等新领域的兴起，数据要素价值的释放路径趋于多元化甚至超级化。数据体量的暴增，数据应用领域的扩大，随之而来的数据流通速度和场景的爆发，使数据安全面临前所未有的挑战。

从国内到国外，从国家机关到企业，加强数据权属管理和抵御安全攻击的能力，避免因数据被盗用、误用、滥用的安全风险而造成巨大的经济损失，保障数据安全越来越成为全球的焦点共识。尤其是身处互联网浪潮中的企业，在标准制度提供指引和政府监管力度不断增强的背景下，提升数据安全实践能力成为企业长久生存的迫切需要，也是相应的律师、法务群体在当前必须吃透、熟练运用数据安全重要法律的基础。

数据安全相关法规的制定、落实、配套适用和执法是保障数据安全必不可少的环节。律师、法务等实务从业者最能从法的理解和法的实践中感受合规重点并形成经验。从实用性角度出发，本书针对《数据安全法》立法框架和各章具体内容，对涉及的各项法规和具体规定进行全面、系统的剖析，通过已有的案例、经验，进行法规之间的纵向、横向比较，力求找到一条较为合适的合规之路，力求为法规落实和身处互联网潮流的企业提升安全能力尽绵薄之力。

作　者

目　录

绪论 …… 1

第 1 章　《数据安全法》与《网络安全法》的配套与衔接 …… 9

背景 …… 10

解读分析 …… 11

一、完善重要数据及国家核心数据保护制度 …… 11

二、明确域外适用效力 …… 14

三、加强重要数据出境义务 …… 16

四、明确数据分类分级制度 …… 18

五、细化监测预警与应急处置职责 …… 19

六、推动政务数据开放 …… 19

七、确立数据安全审查制度 …… 23

八、完善数据安全监督管理体制 …… 24

第 2 章　《数据安全法》与相关立法的关系 …… 27

《数据安全法》相关法条 …… 28

解读分析 …… 29

一、与《网络安全法》的配套和衔接 …… 29

二、与《个人信息保护法》的配套和衔接 …… 30

三、与数据分类分级相关规范的配套和衔接 …… 33

第 3 章　数据与个人信息、个人隐私及有关处理活动 …… 37

《数据安全法》相关法条 …… 38

参考案例 …… 38

解读分析 …… 39

一、数据概念的提出 …… 39

二、与个人信息相关立法的比较 …… 40

三、数据与个人信息、个人隐私的处理活动的转化 …… 41

企业合规启示 …… 43

第 4 章　数据权益的内涵与规则 …… 45

《数据安全法》相关法条 …… 46

规则扩展 …… 46

一、个人与数据有关的权益 …… 46

二、组织与数据有关的权益 …… 48

三、数据权益规则的进一步完善与落实的一些动态和思考 …… 51

第 5 章 数据开发利用……55
《数据安全法》相关法条一……56
参考案例一……56
一、医疗行业……56
二、生物医药行业……56
三、金融行业……57
四、电商行业……58
五、农牧行业……59
六、交通行业……59
七、教育行业……60
八、体育行业……60
九、环保行业……61
十、食品行业……61
解读分析一……61
《数据安全法》相关法条二……64
参考案例二……64
解读分析二……66
《数据安全法》相关法条三……69
参考案例三……70
解读分析三……71
《数据安全法》相关法条四……72
参考案例四……73
解读分析四……75
《数据安全法》相关法条五……76
参考案例五……76
解读分析五……83
《数据安全法》相关法条六……83
参考案例六……84
解读分析六……85
第 6 章 数据分类分级……87
《数据安全法》相关法条……88
参考案例……88
规范性文件……89
解读分析……90
一、基本概述……90
二、分类分级概念……91
三、“重要数据”的保护与界定……92
四、解决方案……94

第 7 章　重要数据出境安全管理……97
《数据安全法》相关法条……99
链接法条……99
解读分析……101
一、重要数据出境相关法律法规与标准体系……102
二、重要数据出境安全管理相关法律问题解析……106
参考案例……120
解读分析……121
第 8 章　数据安全风险评估……125
《数据安全法》相关法条……126
参考案例……126
一、数据安全风险评估专项……126
二、数据安全评估方法……127
解读分析……128
一、促进数据安全检测认证的发展，支持数据安全风险评估、防范的多方协作……128
二、国家建立数据安全风险评估、报告、共享、监测预警机制……138
三、重要数据处理者进行数据安全风险评估……138
第 9 章　数据安全审查制度……143
《数据安全法》相关法条……144
参考案例……144
解读分析……144
一、对滴滴启动的网络安全审查依据……144
二、《网络安全法》与《数据安全法》的关系……147
三、网络安全审查与数据安全审查的关系……148
四、企业合规启发……150
第 10 章　数据安全保护义务与制度建设……153
《数据安全法》相关法条……154
参考案例……154
一、中国联通集团数据安全保护义务与制度建设实践……154
二、蚂蚁集团数据安全保护义务和制度建设实践……156
解读分析……157
一、数据安全管理制度、培训和技术措施……157
二、网络安全等保基础叠加的数据安全保护义务……162
三、重要数据处理者的数据安全负责人和管理机构……162
第 11 章　数据交易中介服务机构的法定义务……165
《数据安全法》相关法条……166

相关资料……166
一、数据交易中介服务机构的概况和定位……166
二、数据交易平台的义务……173
三、数据交易中的法律关系……179
《中华人民共和国刑法》相关法条……181
参考案例……181
一、案例概要……181
二、裁判结果……181
三、法官观点……182

第 12 章　政务数据安全与开放……183

《数据安全法》相关法条……184
参考案例……184
案例一……184
案例二……185
案例三……185
案例四……185
解读分析……186
一、政务数据共享开放的政策法规与标准体系……186
二、政务数据共享开放的网络安全……191
三、政务数据共享中的法律问题……196

绪 论

《中华人民共和国数据安全法》（以下简称《数据安全法》）于 2021 年 6 月 10 日由第十三届全国人民代表大会常务委员会第二十九次会议表决通过，自 2021 年 9 月 1 日起施行。

《数据安全法》包含七章五十五条内容，其出台本身有着非常深远的国际和国内背景。我国的数据安全建设进入一个全新的时代。

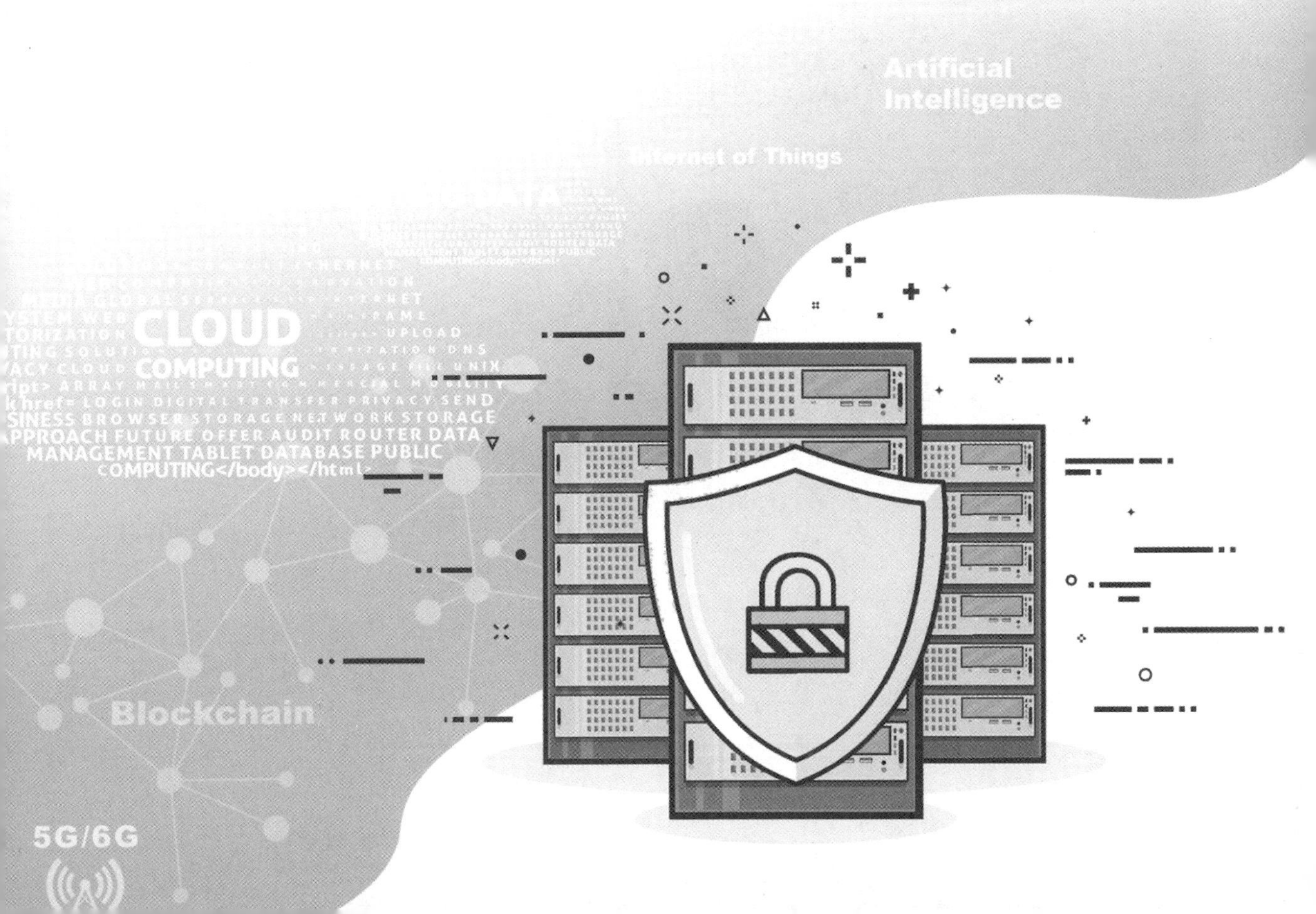

《中华人民共和国数据安全法》
立法过程中的重要节点

2015年

《中华人民共和国国家安全法》第二十五条

国家建设网络与信息安全保障体系，提升网络与信息安全保护能力，加强网络和信息技术的创新研究和开发应用，实现网络和信息核心技术、关键基础设施和重要领域信息系统及数据的安全可控

2016年

《中华人民共和国国家安全法》

第三章第二节关键信息基础设施的运行安全
第四章网络信息安全

2018年

2018年9月7日，第十三届全国人民代表大会常务委员会公布立法规划，将《中华人民共和国数据安全法》列入第一类项目（条件比较成熟、任期内拟提请审议的法律草案）

2020年

《中华人民共和国民法典》第一百二十七条
法律对数据、网络虚拟财产的保护有规定的，依照其规定

2020年

第十三届全国人民代表大会常务委员会第十次会议，对《中华人民共和国数据安全法（草案）》进行审议，于2020年7月3口公布

2021年

第十三届全国人民代表大会常务委员会第二十八次会议，对《中华人民共和国数据安全法（草案二次审议稿）》进行审议，于2021年4月29日公布

2021年

2021年6月10日，第十三届全国人民代表大会常务委员会第二十九次会议表决通过《中华人民共和国数据安全法》，自2021年9月1日起实施

事实上，在《数据安全法》出台前，我国从国家到地方，从党的方针政策到地方法规，从规范到执法实践，均对数据安全给予了高度关注。

中共中央政治局 2017 年 12 月 8 日就实施国家大数据战略进行第二次集体学习。中共中央总书记习近平在主持学习时强调，大数据发展日新月异，我们应该审时度势、精心谋划、超前布局、力争主动，深入了解大数据发展现状和趋势及其对经济社会发展的影响，分析我国大数据发展取得的成绩和存在的问题，推动实施国家大数据战略，加快完善数字基础设施，推进数据资源整合和开放共享，保障数据安全，加快建设数字中国，更好服务我国经济社会发展和人民生活改善。

习近平在主持学习时发表了讲话。他指出，大数据是信息化发展的新阶段。随着信息技术和人类生产生活交汇融合，互联网快速普及，全球数据呈现爆发增长、海量集聚的特点，对经济发展、社会治理、国家管理、人民生活都产生了重大影响。世界各国都把推进经济数字化作为实现创新发展的重要动能，在前沿技术研发、数据开放共享、隐私安全保护、人才培养等方面做了前瞻性布局。

习近平强调，要推动大数据技术产业创新发展。我国网络购物、移动支付、共享经济等数字经济新业态新模式蓬勃发展，走在了世界前列。我们要瞄准世界科技前沿，集中优势资源突破大数据核心技术，加快构建自主可控的大数据产业链、价值链和生态系统。要加快构建高速、移动、安全、泛在的新一代信息基础设施，统筹规划政务数据资源和社会数据资源，完善基础信息资源和重要领域信息资源建设，形成万物互联、人机交互、天地一体的网络空间。要发挥我国制度优势和市场优势，面向国家重大需求，面向国民经济发展主战场，全面实施促进大数据发展行动，完善大数据发展政策环境。要坚持数据开放、市场主导，以数据为纽带促进产学研深度融合，形成数据驱动型创新体系和发展模式，培育造就一批大数据领军企业，打造多层次、多类型的大数据人才队伍。

习近平指出，要构建以数据为关键要素的数字经济。建设现代化经济体系离不开大数据发展和应用。我们要坚持以供给侧结构性改革为主线，加快发展数字经济，推动实体经济和数字经济融合发展，推动互联网、大数据、人工智能同实体经济深度融合，继续做好信息化和工业化深度融合这篇大文章，推动制造业加速向数字化、网络化、智能化发展。要深入实施工业互联网创新发展战略，系统推进工业互联网基础设施和数据资源管理体系建设，发挥数据的基础资源作用和创新引擎作用，加快形成以创新为主要引领和支撑的数字经济。

习近平强调，要运用大数据提升国家治理现代化水平。要建立健全大数据辅助科学决策和社会治理的机制，推进政府管理和社会治理模式创新，实现政府决策科学化、社会治理精准化、公共服务高效化。要以推行电子政务、建设智慧城市等为抓手，以数据集中和共享为途径，推动技术融合、业务融合、数据融合，打通信息壁垒，形成覆盖全国、统筹利用、统一接入的数据共享大平台，构建全国信息资源共享体系，实现跨层级、跨地域、跨系统、跨部门、跨业务的协同管理和服务。要充分利用大数据平台，综合分析风险因素，提高对风险因素的感知、预测、防范能力。要加强政企合作、多方参与，加快公共服务领域数据集中和共享，推进同企业积累的社会数据进行平台对接，形成社会治理强大合力。要加强互联网内容建设，建立网络综合治理体系，营造清朗的网络空间。

习近平指出，要运用大数据促进保障和改善民生。大数据在保障和改善民生方面大有作为。要坚持以人民为中心的发展思想，推进“互联网+教育”、“互联网+医疗”、“互联网+文化”等，让百姓少跑腿、数据多跑路，不断提升公共服务均等化、普惠化、便捷化水平。要坚持问题导向，抓住民生领域的突出矛盾和问题，强化民生服务，弥补民生短板，推进教育、就业、社保、医药卫生、住房、交通等领域大数据普及应用，深度开发各类便民应用。要加强精准扶贫、生态环境领域的大数据运用，为打赢脱贫攻坚战助力，为加快改善生态环境助力。

习近平强调，要切实保障国家数据安全。要加强关键信息基础设施安全保护，强化国家关键数据资源保护能力，增强数据安全预警和溯源能力。要加强政策、监管、法律的统筹协调，加快法规制度建设。要制定数据资源确权、开放、流通、交易相关制度，完善数据产权保护制度。要加大对技术专利、数字版权、数字内容产品及个人隐私等的保护力度，维护广大人民群众利益、社会稳定、国家安全。要加强国际数据治理政策储备和治理规则研究，提出中国方案。

习近平指出，善于获取数据、分析数据、运用数据，是领导干部做好工作的基本功。各级领导干部要加强学习，懂得大数据，用好大数据，增强利用数据推进各项工作的本领，不断提高对大数据发展规律的把握能力，使大数据在各项工作中发挥更大作用。

以上为习近平总书记的重要讲话精神，此后各地相关部门纷纷出台了相应的规章制度。

地方实践在数据安全保障方面丝毫不落后，对有关数据权益、数据开放共享等问题进行了积极的探索。天津、贵州、深圳、上海等地均有数据安全相关的地方实践，如《天津市数据安全管理办法（暂行）》《贵州省大数据安全保障条例》《深圳经济特区数据条例》《中国（上海）自由贸易试验区临港新片区总体方案》等。

在《数据安全法》出台前，网信部门开展的“净网”专项行动对网络运营者不履行网络安全义务的行为进行严格的查处，通过网络安全执法对部分有关数据泄露、系统安全隐患、信息管理混乱的行为进行处罚。

但是仅以《中华人民共和国网络安全法》（以下简称《网络安全法》）为依据对数据安全相关问题进行规制，其作用毕竟有限。

同时，数据安全的保障与数据可持续的开放利用密切相关，甚至事关整个数字经济发展秩序，因此数据安全领域的统一立法是大势所趋。

如今，《数据安全法》已经开始施行，众多处理数据的企业、组织以及监管部门都面临法律的理解、适用和落实问题。尤其是广大互联网企业，往往掌握了大体量的数据，并进行数据处理活动，能否在数据安全新时代下做好数据合规，将直接关系到企业的长久发展。本书从《数据安全法》出发，结合相关的国内外其他法规、标准、案例，对企业合规中可能遇到的困惑进行梳理分析，并对一些未解决的问题进行合理的分析判断，帮助企业深入理解《数据安全法》的规则，从而优化自身的合规方案。

本书共 12 章。

一、法律适用问题

第 1～2 章讨论《数据安全法》与其他法规之间的配套和衔接。

第 1 章介绍《数据安全法》与《网络安全法》之间的配套和衔接。数据安全和网络安全都是国家安全中的重要内容，既有的《网络安全法》已经先行就数据安全进行了一些规制，将数据安全纳入网络安全的范畴，并构建了一系列保障数据安全的制度，如网络安全等级保护制度、关键信息基础设施保护制度、个人信息保护制度等，这些内容都是数据安全领域非常重要的制度设计，也是《数据安全法》中重点规范并构建的。因此两部法律的部分重点内容重合，相互之间的衔接和配合相辅相成。本章重点对《数据安全法》中包含的具体制度如数据分类分级、数据安全审查等内容与《网络安全法》中的相关规范进行对比和配套适用上的分析。

第 2 章同样描述《数据安全法》与《网络安全法》之间的配套和衔接关系，但着眼于宏观层面，从数据安全与网络安全的关系及两部法律的适用范围等方面讨论二者的关系，提供的是一个如何看待二者的整体性视角。同时，本章包含《数据安全法》与《中华人民共和国个人信息保护法》(以下简称《个人信息保护法》) 及数据分类分级相关规范之间的配套和衔接，从个人信息的范围入手分析如何确定数据合规中的法律依据和法律责任，对《个人信息保护法》的有关法律责任部分与《数据安全法》相重合的地方进行说明。

最后，通过梳理当前已有的数据分类分级的标准和地方实践案例，对《数据安全法》中的规则进行理解。

二、重要概念与权益规则

第 3～4 章讨论《数据安全法》涉及的“数据”“个人信息”“个人隐私”概念及与之相关的权益内容和规则。

第3章从著名的“淘宝诉美景”案入手，分析数据、个人信息、个人隐私不同概念之间的差别，结合《数据安全法》《个人信息保护法》及欧盟《通用数据保护条例》（GDPR）的有关规定深入探讨；并在不同概念辨析的基础上，分析不同数据处理活动应当如何开展，应当如何做好合规。

第3章详细分析了数据和个人信息之间的差异，对第2章中《数据安全法》和《个人信息保护法》配套衔接问题进行了更深入的研究，帮助读者更深入地理解第2章中提及的问题，并针对不同数据提出了明确的合规建议。

在前3章的基础上，第4章对数据有关权益的内容和规则进行思考。个人和企业都享有各自与数据相关的权益，在《数据安全法》《个人信息保护法》出台前，已有司法实践对“知情同意”和“三重授权”等处理个人和企业之间的权益的规则进行探索。然而，个人和企业的数据相关权益依然有冲突和需要协调的部分，如何确定权益规则对于企业合规而言非常重要。

三、具体制度构建与合规建议

第5～12章围绕《数据安全法》提出的各项制度的落实和企业合规提供建议。第5章围绕数据开发利用，重点关注不同数据行业、领域内的数据开发利用实例，并分析其中依然存在的安全隐患。要实现高质量的数据开发与利用，还需要在数据开发利用的各个具体场景内趋利避害。目前，在统一标准、智能化管理、人才培养等方面，均有典型实例可供参考，帮助企业进一步完善内部制度构建。

第6章对数据分类分级做了系统化分析，对分类和分级的目的及各自依据的维度进行了区分，并对重要数据的界定进行分析。本章提供了市场主体，如广大互联网企业，开展数据分类分级可以采取的具体方法、策略和其他措施，在企业的数据管理方面具有很好的参考价值。

第7章重点关注重要数据出境管理。重要数据是《数据安全法》中明确要重点保护的数据类型，有关法规也已经对重要数据出境过程中，数据处理者的安全保障义务进行了规范。第 6 章界定重要数据范围后，相关企业可依据本章内容在数据出境环节做好合规工作。

第 8 章围绕数据安全风险评估，主要从《数据安全法》相关条文中包含的义务内容及与企业数据安全管理密切相关的国家标准出发，具体阐述企业如何开展数据安全风险评估工作。

第 9 章介绍数据安全审查制度。“滴滴”受到网络安全审查后，实务界对网络安全审查和数据安全审查进行了一定程度的讨论。本章对数据安全审查进行分析，从安全审查角度对《数据安全法》和《网络安全法》的关系进行讨论，为企业应对两项审查提供具体的合规建议。

第 10 章介绍数据安全保护义务与制度建设，对企业的数据安全内控制度的构建进行系统化梳理，并提供具体的可行措施。

第 6～9 章从《数据安全法》涉及的关键的数据处理环节来讨论企业合规，而本章对所有企业应当采取的措施进行规整和总结。

第 11 章针对数据交易中介服务机构的法定义务展开分析，对目前的数据交易平台进行全面研究，梳理平台类型和不同平台的商业模式，从实例出发，为不同商业模式的企业提供合规建议。

第 12 章对《数据安全法》专章规范的“政务数据”进行研究，讨论政务数据安全与开放中的法律问题。本章通过梳理政务数据在开放利用过程中出现的安全问题和处罚实例，梳理与政务数据开发利用相关的标准体系，为处理政务数据的组织提供风险提示和合规建议。

第 1 章

《数据安全法》与《网络安全法》的配套与衔接

《中华人民共和国数据安全法》（以下简称《数据安全法》）生效后，首先面临适用问题。此前的《中华人民共和国网络安全法》（以下简称《网络安全法》）主要针对网络空间安全治理提出了一个综合性的法律框架，但未能从数据安全的维度进行具体规范，预留了诸多配套制度的接口，有待相关配套法规进一步细化相关内容。那么，如何同时适用《数据安全法》与《网络安全法》将是非常重要的，本章将结合《数据安全法》规定的内容，从重要数据与核心数据保护、域外适用效力、重要数据出境、数据分类分级、监测与应急职责、政务数据开放、数据安全审查等方面入手，分析两部法律之间的配套和衔接问题，以帮助读者更好地理解企业应当履行的义务，以及企业应当如何调整合规策略，以便进一步应对“数据安全法制元年”。

背 景

2016 年 11 月 7 日，第十二届全国人民代表大会常务委员会第二十四次会议表决通过了《中华人民共和国网络安全法》(以下简称《网络安全法》)，自 2017 年 6 月 1 日起正式实施，是我国第一部全面规范网络空间安全管理问题的法律，是我国网络空间法治建设的重要里程碑。

《网络安全法》同时是一部框架性法律文件，预留了诸多配套制度的接口，有待相关配套法规进一步细化相关内容，以适配数字中国的发展要求，提高法律法规的实际可操作性。

在国家战略层面，2016 年 12 月 27 日，国家互联网信息办公室出台了《国家网络空间安全战略》，提出了建设网络强国的五大战略目标和推进全球互联网治理体系变革的四大基本原则，明确了我国推动网络空间治理的九大战略任务。这补充了《网络安全法》第四条的内容，即：

> 国家制定并不断完善网络安全战略，明确保障网络安全的基本要求和主要目标，提出重点领域的网络安全政策、工作任务和措施。

在关键信息基础设施的安全审查方面，2017 年 7 月 10 日，国家互联网信息办公室会同相关部门发布了《网络安全审查办法（修订方案征求意见稿）》，希望建立国家网络安全审查机制，并明确适用对象、具体要求和相应流程。这为《网络安全法》第三十五条“关键信息基础设施的运营者采购网络产品和服务，可能影响国家安全的，应当通过国家网信部门会同国务院有关部门组织的国家安全审查”提供了具体的落地实施方法。

同样，《儿童个人信息网络保护规定》《互联网新闻信息服务管理规定》《网络信息内容生态治理规定》《互联网个人信息安全保护指南》《信息技术　网络安全等级保护基本要求》（GB/T 22239—2019）等法律法规、国家标准和行业指引，分别从个人信息保护、互联网信息内容管理、网络产品和服务管理、网络安全等级保护等方面填补了

《网络安全法》所预留的空间。

2021 年 6 月 10 日，第十三届全国人大常务委员会第二十九次会议表决通过了《中华人民共和国数据安全法》（以下简称《数据安全法》）。本法律共七章五十五条，分别从国家、企业、行业三个角度出发来规范数据处理活动，要求数据处理必须维护国家主权、安全，兼顾发展利益，保障数据安全流动。

《网络安全法》主要针对网络空间安全治理提出了一个综合性的法律框架，但未能从数据安全的维度进行具体规范。尤其在当前，国家需要解决数据安全处理方面相关配套政策文件法律层级低，要求较为分散，难以系统性解决数据安全保障的问题，需要提出一个全局性的、宏观的同时具备顶层设计的数据安全观。因此，《数据安全法》的出台填补了这一法律空白。正如新华社评述，“制定《数据安全法》是维护国家安全的必然要求。数据是国家基础性战略的资源，没有数据安全就没有国家安全。”

2021 年 9 月 1 日，《数据安全法》正式生效，如何同时适用《数据安全法》和《网络安全法》这两部法律呢？下面将结合《数据安全法》规定的内容，分析其与《网络安全法》的配套和衔接问题，帮助读者更好地理解新法律下应当履行的企业义务，以及企业应当如何调整合规策略，以应对“数据安全法制元年”。

解读分析

一、完善重要数据及国家核心数据保护制度

从数据范围来看，《网络安全法》主要是从一般网络运营者和关键信息基础设施运营者分别管控重要数据和个人信息行为来规定的。而《数据安全法》规定，不论呈现形式（电子/其他方式）、收集方式（通过网络/非通过网络）、数据的内容（可识别身份的个人信息/与国家安全、经济发展以及社会公共利益密切相关的重要数据/其他数据），“数据”泛指以一切方式对信息的记录。

基于此，《数据安全法》在《网络安全法》的基础上扩大了数据

类型的适用范围。目前，随着技术的不断更新，人们普遍享受到了大数据带来的快捷和便利，但随之而来的是实践中数据采集、加工和利用等准入门槛越降越低。若缺乏准确有力的法律依据，则监管部门将难以实现对数据市场有效的调控和管理。因此，《数据安全法》的出台将所有与数据有关的活动均纳入调整范围，在基本法层级系统集中地规范数据安全和利用，为有效地监管数据活动提供了强有力的法律基础。

《数据安全法》要求对重要数据的管理更加严格和细致。自《网络安全法》颁布后，重要数据的界定和出境监管一直成为人们关注的重点。但是《网络安全法》针对重要数据并未给出详细的定义，虽然《个人信息和重要数据出境安全评估办法（征求意见稿）》（2017年4月）、《数据安全管理办法（征求意见稿）》（2019年5月）和《数据出境安全评估办法（征求意见稿）》（2021年10月）对重要数据的概念进行了规定，但是这些法律法规和国家标准均处于征求意见阶段，且在定义上仅采取部分列举加概括说明的方式，提供的参考价值非常有限。

针对重要数据概念不清这一问题，《数据安全法》第二十一条给出了明确的解决办法，即将制定重要数据目录的职责赋予国家数据安全工作协调机制统筹协调有关部门，将制定重要数据具体目录的职责赋予各地区、各部门及相关行业。随后公布的《网络数据安全管理条例（征求意见稿）》（2021年11月）和《信息安全技术 重要数据识别指南（征求意见稿）》（2022年1月）分别对重要数据给出了细致的定义和分类，为各地区、各部门制定本地区、本部门及相关行业领域的重要数据具体目录提供了参考。相信在不久的将来，我们可以看到正式出台的、更具权威且具体的重要数据范围，以帮助企业确定相应的数据分类保护义务。

《数据安全法》还规定了重要数据处理者应履行的相应义务。例如，第二十七条规定了重要数据的处理者应当明确数据安全负责人和管理机构，落实数据安全保护责任。第三十条规定了重要数据的处理者应当按照规定对其数据处理活动定期开展风险评估，并向有关主管部门报送风险评估报告。风险评估报告应当包括处理的重要数据的种类、数量，开展数据处理活动的情况，以及面临的数据安全风险及其应对措施等。这些在《网络安全法》中并未明确规定，一旦相关企业被确定为重要数据处理者，其应当注意及时履行上述义务，严守法律法规要求，做到合规。

《数据安全法》还提出了一个新数据类别，即国家核心数据。根据《数据安全法》第二十一条，“关系国家安全、国民经济命脉、重要民生、重大公共利益等数据属于国家核心数据，实行更加严格的管理制度。”《数据安全法》第四十五条明确指出，“违反国家核心数据管理制度，危害国家主权、安全和发展利益的，由有关主管部门处二百万元以上一千万元以下罚款，并根据情况责令暂停相关业务、停业整顿、吊销相关业务许可证或者吊销营业执照；构成犯罪的，依法追究刑事责任。”除了对核心数据进行概括性表述，《数据安全法》并未明确规定国家核心数据的具体范围与边界，是否会与重要数据有重合，如有重合，是国家核心数据属于重要数据中的一类，还是两者有联系又有区别，这些将成为企业后续需要关注的另一重点，如表 1-1 所示。

表 1-1　《网络安全法》与《数据安全法》的对照（一）

《网络安全法》	《数据安全法》
第二十一条　国家实行网络安全等级保护制度。网络运营者应当按照网络安全等级保护制度的要求，履行下列安全保护义务，保障网络免受干扰、破坏或者未经授权的访问，防止网络数据泄露或者被窃取、篡改： …… （四）**采取数据分类、重要数据备份**和加密等**措施**； …… **第三十七条　关键信息基础设施的运营者在中华人民共和国境内运营中收集和产生的**个人信息和**重要数据应当在境内存储**。因业务需要，确需向境外提供的，应当按照国家网信部门会同国务院有关部门制定的办法进行安全评估；法律、行政法规另有规定的，依照其规定。	**第二十一条**　国家建立数据分类分级保护制度，根据数据在经济社会发展中的重要程度，以及一旦遭到篡改、破坏、泄露或者非法获取、非法利用，对国家安全、公共利益或者个人、组织合法权益造成的危害程度，对数据实行分类分级保护。**国家数据安全工作协调机制统筹协调有关部门制定重要数据目录，加强对重要数据的保护。** **关系国家安全、国民经济命脉、重要民生、重大公共利益等数据属于国家核心数据，实行更加严格的管理制度。** **各地区、各部门应当按照数据分类分级保护制度，确定本地区、本部门以及相关行业、领域的重要数据具体目录，对列入目录的数据进行重点保护。** **第二十七条**　…… 重要数据的处理者应当明确数据安全负责人和管理机构，落实数据安全保护责任。

续表

《网络安全法》	《数据安全法》
	第三十条 重要数据的处理者应当按照规定对其数据处理活动定期开展风险评估，并向有关主管部门报送风险评估报告。 风险评估报告应当包括处理的重要数据的种类、数量，开展数据处理活动的情况，面临的数据安全风险及其应对措施等。

二、明确域外适用效力

《网络安全法》的立法主旨是“维护网络空间主权和国家安全”，其第二条规定了该法的适用范围，即：

> **第二条** 在中华人民共和国境内建设、运营、维护和使用网络，以及网络安全的监督管理，适用本法。

同时，第七十五条规定：

> **第七十五条** 境外的机构、组织、个人从事攻击、侵入、干扰、破坏等危害中华人民共和国的关键信息基础设施的活动，造成严重后果的，依法追究法律责任；国务院公安部门和有关部门并可以决定对该机构、组织、个人采取冻结财产或者其他必要的制裁措施。

而《数据安全法》规定：

> **第二条** 在中华人民共和国境内开展数据处理活动及其安全监管，适用本法。
>
> 在中华人民共和国境外开展数据处理活动，损害中华人民共和国国家安全、公共利益或者公民、组织合法权益的，依法追究法律责任。

虽然两部法律均规定了域外管辖的效力，但《网络安全法》对损害结果的界定仅限于对我国的关键信息基础设施活动的影响，而《数据安全法》规定，只要数据处理活动影响了国家安全、公共利益和公民组织的合法利益，相关行为就受到规制，从而进一步扩大了我国在数据活动方面的管辖权，如表 1-2 所示。

表 1-2 《网络安全法》与《数据安全法》的对照（二）

《网络安全法》	《数据安全法》
第二条 在中华人民共和国境内建设、运营、维护和使用网络，以及网络安全的监督管理，适用本法。	**第二条** 在中华人民共和国境内开展数据处理活动及其安全监管，适用本法。 在中华人民共和国境外开展数据处理活动，损害中华人民共和国国家安全、公共利益或者公民、组织合法权益的，依法追究法律责任。

近年来，随着人们对数据价值的不断发掘，数据竞争日益激烈，各国（或地区）之间力图扩大自己国家的数据管辖权，从而更好地保障数据安全、维护国家利益。

例如，美国在 2018 年 3 月公布的 *The Clarifying Lawful Overseas Use of Data Act*（CLOUD Act，《澄清境外数据的合法使用法》，简称《云法案》）便规定，美国执法部门可依据搜查令直接调取境外数据。根据美国司法部的官方解释，《云法案》不但适用于在美国注册成立的公司，而且境外公司只要在经营活动中与美国有足够的联系（contacts），就可能触发美国法律的管辖权。

对此，欧盟于 2019 年 7 月发布了 *Initial Legal Assessment of the Impact of the US CLOUD Act on the EU Legal Framework for the Protection of Personal Data and the Negotiations of an EU-US Agreement on Cross-border Access to Electronic Evidence*（《美国云法案对于欧盟个人信息保护法律框架以及欧盟－美国关于跨境电子取证协议谈判影响的初步法律评估》，以下简称《评估》），明确指出，《云法案》并不能成为向美国传输个人数据的合法性基础。

由此可知，管辖数据处理活动并不必然以领土疆界的物理边界为限，这已成为一种必然的立法趋势，各国（或地区）也将在数据管辖权边界问题上不断角力，扩大其国内法适用范围，以尽可能降低跨境数据活动给本国（或地区）带来的安全风险。

因此，《数据安全法》将在中华人民共和国境外开展的，可能损害中华人民共和国国家安全、公共利益或者公民、组织合法权益的数据处理活动划入适用范围，确认了我国对于数据的境外管辖权，体现了以国家利益为先、监管各类数据活动的鲜明立场。2021年8月20日，第十三届全国人民代表大会常务委员会第三十次会议表决通过了《中华人民共和国个人信息保护法》(以下简称《个人信息保护法》)，自2021年11月1日起实施。与之呼应，《个人信息保护法》则规定：

> **第三条** 在中华人民共和国境内处理自然人个人信息的活动，适用本法。
>
> 在中华人民共和国境外处理中华人民共和国境内自然人个人信息的活动，有下列情形之一的，也适用本法：
>
> （一）以向境内自然人提供产品或者服务为目的；
>
> （二）分析、评估境内自然人的行为；
>
> （三）法律、行政法规规定的其他情形。

《个人信息保护法》和《数据安全法》成为《网络安全法》最重要的配套法律，无论在个人信息还是非个人信息方面，都将更为全面、完整地构建出适用于境内外数据处理活动的安全保障体系和相关机制。

三、加强重要数据出境义务

《数据安全法》第三十一条明确：

> **第三十一条** 关键信息基础设施的运营者在中华人民共和国境内运营中收集和产生的重要数据的出境安全管理，适用《中华人民共和国网络安全法》的规定；其他数据处理者在中华人民共和国境内运营中收集和产生的重要数据的出境安全管理办法，由国家网信部门会同国务院有关部门制定。

从此前的立法趋势不难看出，个人信息与重要数据出境将采用"二轨制"评估的方式，重要数据出境监管要求并未特别详细地得到明确，且多处于征求意见稿的状态。除了《网络安全法》第三十七条较为概括地要求重要数据本地化，只有在极其特殊情况下，方申请主管部门审批出境(实践中估计也鲜有行业主管部门有审批重要数据出境的流程和经验)，其他尚无现行有效的法律法规、国家标准来明确数据出境的具体合规方案，从而给企业数据出境带来较大的不确定性，如表 1-3 所示。

表 1-3 《网络安全法》与《数据安全法》的对照（三）

《网络安全法》	《数据安全法》
第三十七条 关键信息基础设施的运营者在中华人民共和国境内运营中收集和产生的个人信息和重要数据应当在境内存储。因业务需要，确需向境外提供的，应当按照国家网信部门会同国务院有关部门制定的办法进行安全评估；法律、行政法规另有规定的，依照其规定。	**第三十一条** 关键信息基础设施的运营者在中华人民共和国境内运营中收集和产生的重要数据的出境安全管理，适用《中华人民共和国网络安全法》的规定；**其他数据处理者在中华人民共和国境内运营中收集和产生的重要数据的出境安全管理办法，由国家网信部门会同国务院有关部门制定。**

《数据安全法》第三十一条的前半段呼应了《网络安全法》对关键信息基础设施运营者的重要数据出境义务的规定，与《网络安全法》的规定保持一致；第三十一条的后半段补充了《网络安全法》在重要数据出境方面的空缺，明确了除关键信息基础设施运营者之外的其他主体的重要数据的出境义务，即适用于国家网信部门会同国务院制定的管理办法。虽然《数据安全法》第三十一条的规定较为概括，但是在开展重要数据出境活动时，无论是关键信息基础设施运营者还是其他主体，均有了大体方向的法律依据。这在《数据安全评估办法（征求意见稿）》中也有体现，但没有单独规定关键信息基础设施运营者的义务，而是规定了所有重要数据处理者在数据出境方面的义务。

需要注意的是，第三十一条明确了制定数据出境规则的主体为“国家网信部门会同国务院有关部门”，可以看出，未来对于数据出境相关法律文件的法律位阶与效力基本属于部门规章级别。相比目前已发布的相关规范性文件，国家网信部门未来制定的数据出境规则将处于较高效力级别。企业有必要对此保持关注，严格遵守相关义务。

国家对重要数据的保护呈现严谨的态度，因此才会倡导原则上重要数据需要进行本地化存储，特殊情形下适用个案审批。根据《数据安全法》第四十六条规定，“违反本法第三十一条规定，向境外提供重要数据的，由有关主管部门责令改正，给予警告，可以并处十万元以上一百万元以下罚款，对直接负责的主管人员和其他直接责任人员可以处一万元以上十万元以下罚款；情节严重的，处一百万元以上一千万元以下罚款，并可以责令暂停相关业务、停业整顿、吊销相关业务许可证或者吊销营业执照，对直接负责的主管人员和其他直接责任人员处十万元以上一百万元以下罚款。”

四、明确数据分类分级制度

为了保护网络数据安全，《网络安全法》第二十一条规定，网络运营者应当按照网络安全等级保护制度的要求，采取数据分类、重要数据备份和加密等措施，以保障网络免受干扰、破坏或者未经授权的访问，防止网络数据泄露或者被窃取、篡改。显然，《网络安全法》是从网络运营者角度出发，规定了网络运营者应当采取数据分类措施。而《数据安全法》从政府监管角度出发，规定了国家从顶层开始建立数据分类分级保护制度，并自上而下地推动全行业、部门和企业对各自范围内的数据进行分类分级保护，最终保证数据在全国范围的全链路中安全流动，如表 1-4 所示。

表 1-4 《网络安全法》与《数据安全法》的对照（四）

《网络安全法》	《数据安全法》
第二十一条 国家实行网络安全等级保护制度。**网络运营者应当按照网络安全等级保护制度的要求**，履行下列安全保护义务，**保障网络免受干扰、破坏或者未经授权的访问，防止网络数据泄露或者被窃取、篡改**： （一）制定内部安全管理制度和操作规程，确定网络安全负责人，落实网络安全保护责任； （二）采取防范计算机病毒和网络攻击、网络侵入等危害网络安全行为的技术措施； （三）采取监测、记录网络运行状态、网络安全事件的技术措施，并按照规定留存相关的网络日志不少于六个月； **（四）采取数据分类、重要数据备份和加密等措施；** （五）法律、行政法规规定的其他义务。	**第二十一条 国家建立数据分类分级保护制度，根据数据在经济社会发展中的重要程度，以及一旦遭到篡改、破坏、泄露或者非法获取、非法利用，对国家安全、公共利益或者个人、组织合法权益造成的危害程度，对数据实行分类分级保护。**国家数据安全工作协调机制统筹协调有关部门制定重要数据目录，加强对重要数据的保护。 关系国家安全、国民经济命脉、重要民生、重大公共利益等数据属于国家核心数据，实行更加严格的管理制度。 **各地区、各部门应当按照数据分类分级保护制度，确定本地区、本部门以及相关行业、领域的重要数据具体目录，对列入目录的数据进行重点保护。**

具体而言，国家应根据数据在经济社会发展中的重要程度，以及一旦遭到篡改、破坏、泄露或者非法获取、非法利用，对国家安全、公共利益或者个人、组织合法权益造成的危害程度，对数据实行分类分级保护。同时，各地区、各部门应当按照数据分类分级保护制度，确定本地区、本部门以及相关行业、领域的重要数据具体目录，对列入目录的数据进行重点保护。

因此，相信在后续配套的法律法规及国家标准出台后，数据分类分级保护制度将与网络安全等级保护制度等类似，成为数据保护工作纲领性的要求与指引。企业应持续关注后续立法动态，根据国家最新制定的分类分级制度，及时对企业内现有的数据分类制度进行调整和优化。

五、细化监测预警与应急处置职责

为了加强国家的网络安全监测预警和应急制度建设，提高网络安全保障能力，《网络安全法》规定，国家应建立健全网络安全监测预警和信息通报制度，建立健全网络安全风险评估和应急工作机制，制定网络安全事件应急预案，并定期组织演练。同时，负责关键信息基础设施安全保护工作的部门应建立相应的网络安全监测预警和信息通报制度，制定网络安全事件应急预案，并定期组织演练。

而《数据安全法》为了有效应对境内外数据安全风险，健全国家数据安全管理制度，完善国家数据安全治理体系，也针对上述监测预警与应急处置两方面规定了数据安全职责。例如，《数据安全法》第二十二条规定，应建立数据安全风险评估、报告、信息共享、监测预警机制，加强数据安全风险信息的获取、分析、研判、预警工作；第二十三条规定，国家应建立数据安全应急处置机制，有效应对和处置数据安全事件，如表 1-5 所示。

六、推动政务数据开放

《网络安全法》第十八条规定：

表 1-5 《网络安全法》与《数据安全法》的对照（五）

《网络安全法》	《数据安全法》
第五十一条 国家建立网络安全监测预警和信息通报制度。国家网信部门应当统筹协调有关部门加强网络安全信息收集、分析和通报工作，按照规定统一发布网络安全监测预警信息。 **第五十二条** 负责关键信息基础设施安全保护工作的部门，应当建立健全本行业、本领域的网络安全监测预警和信息通报制度，并按照规定报送网络安全监测预警信息。 **第五十三条** 国家网信部门协调有关部门建立健全网络安全风险评估和应急工作机制，制定网络安全事件应急预案，并定期组织演练。 负责关键信息基础设施安全保护工作的部门应当制定本行业、本领域的网络安全事件应急预案，并定期组织演练。 网络安全事件应急预案应当按照事件发生后的危害程度、影响范围等因素对网络安全事件进行分级，并规定相应的应急处置措施。	**第二十二条** 国家建立集中统一、高效权威的数据安全风险评估、报告、信息共享、监测预警机制。国家数据安全工作协调机制统筹协调有关部门加强数据安全风险信息的获取、分析、研判、预警工作。 **第二十三条** 国家建立数据安全应急处置机制。发生数据安全事件，有关主管部门应当依法启动应急预案，采取相应的应急处置措施，防止危害扩大，消除安全隐患，并及时向社会发布与公众有关的警示信息。

第十八条 国家鼓励开发网络数据安全保护和利用技术，促进公共数据资源开放，推动技术创新和经济社会发展。

国家支持创新网络安全管理方式，运用网络新技术，提升网络安全保护水平。

而《数据安全法》通过第五章“政务数据安全与开放”来说明对于政务数据的公开和使用，将《网络安全法》的规定落到实处。

虽然《网络安全法》并未指出何为“公共数据”和“公共数据资源开放”，但2020年浙江省颁布的《浙江省公共数据开放与安全管理暂行办法》具有一定的参考价值。其第二条规定：

第二条 本省行政区域内公共数据开放、利用和安全管理等活动，适用本办法。

本办法所称的公共数据，是指各级行政机关以及具有公共管理和服务职能的事业单位（以下统称公共管理和服务机构），在依法履行职责过程中获得的各类数据资源。

> 本办法所称的公共数据开放，是指公共管理和服务机构面向社会提供具备原始性、可机器读取、可供社会化利用的数据集的公共服务。

联系实际，公共数据可能包含：政府才有权力采集的数据，如企业公共信用信息、税收数据、行政许可等；政府在提供服务过程中所收集的公民消费和档案数据，如社会保险、水电数据、交通出行数据等；政府履行监管职责所采集的数据，如人口普查、食品药品监管、城市治理、社会治理等数据。

《数据安全法》第五章对国家机关收集、使用、运用数据的行为、能力提出了一系列要求。国家机关为履行法定职责的需要收集、使用数据时，应当对其在履行职责中知悉的个人隐私、个人信息、商业秘密、保密商务信息等数据依法予以保密，不得泄露或者非法向他人提供（第三十八条）。第四十条对国家机关委托他人存储、加工政务数据，或者向他人提供政务数据的审批要求和履行监督义务做出了规定，并明确受托方应当依照法律、法规的规定和合同约定履行数据安全保护义务，不得擅自留存、使用、泄露或者向他人提供政务数据。国家机关还应按照规定及时准确公开政务数据，制定开放目录，构建互联互通、安全可控的开放平台（第四十一条、第四十二条）。

《网络安全法》与《数据安全法》的相应对照如表 1-6 所示。

政务数据的利用与开放是加快政府数字化转型，推进电子政务建设的重要步骤。在收集、使用数据时，政府必须依照法定职责和法律规定，健全安全管理制度，将责任落到实处；监督可能涉及的第三方，保障政务数据安全；遵循公正、公平、便民的原则，及时、准确地公开政务数据，实施“清单式管理”，构建统一互通的政务开放平台，将政务数据赋能价值发挥到最大，让数据更好地服务经济社会发展。

对于企业来说，如果在实践中遇到国家机关委托存储、加工政务数据的情形，受托方应配合国家机关完成审批程序，履行法律法规、合同约定的数据安全保护义务，采取必要的技术和组织措施保障政务数据安全，不擅自留存、使用、泄露或者向他人提供政务数据，

表 1-6 《网络安全法》与《数据安全法》的对照（六）

《网络安全法》	《数据安全法》
第十八条 国家鼓励开发网络数据安全保护和利用技术，促进公共数据资源开放，推动技术创新和经济社会发展。 国家支持创新网络安全管理方式，运用网络新技术，提升网络安全保护水平。	**第五章 政务数据安全与开放** **第三十七条** 国家大力推进电子政务建设，提高政务数据的科学性、准确性、时效性，提升运用数据服务经济社会发展的能力。 **第三十八条** 国家机关为履行法定职责的需要收集、使用数据，应当在其履行法定职责的范围内依照法律、行政法规规定的条件和程序进行；对在履行职责中知悉的个人隐私、个人信息、商业秘密、保密商务信息等数据应当依法予以保密，不得泄露或者非法向他人提供。 **第三十九条** 国家机关应当依照法律、行政法规的规定，建立健全数据安全管理制度，落实数据安全保护责任，保障政务数据安全。 **第四十条** 国家机关委托他人建设、维护电子政务系统，存储、加工政务数据，应当经过严格的批准程序，并应当监督受托方履行相应的数据安全保护义务。受托方应当依照法律、法规的规定和合同约定履行数据安全保护义务，不得擅自留存、使用、泄露或者向他人提供政务数据。 **第四十一条** 国家机关应当遵循公正、公平、便民的原则，按照规定及时、准确地公开政务数据。依法不予公开的除外。 **第四十二条** 国家制定政务数据开放目录，构建统一规范、互联互通、安全可控的政务数据开放平台，推动政务数据开放利用。 **第四十三条** 法律、法规授权的具有管理公共事务职能的组织为履行法定职责开展数据处理活动，适用本章规定。

并确保获得委托处理政务数据方的授权同意。当然，关于审批程序与企业关于处理政务数据的具体安全义务，有待相关法规与标准后续进一步细化与支撑。

七、确立数据安全审查制度

《网络安全法》第三十五条规定，关键信息基础设施的运营者采购网络产品和服务，可能影响国家安全的，应当通过国家网信部门会同国务院有关部门组织的国家安全审查。

对此，国家互联网信息办公室公室于 2017 年 5 月 2 日发布了《网络产品和服务安全审查办法（试行）》。2020 年 4 月 13 日，国家互联网信息办公室公室、国家发展和改革委员会、工业和信息化部、公安部、国家安全部、财政部、商务部、中国人民银行、国家市场监督管理总局、国家广播电视总局、国家保密局、国家密码管理局十二部门联合制定了《网络安全审查办法》，具体规定了网络安全审查制度的相关内容，取代前面的试行办法。

国家互联网信息办公室公室会同有关部门于 2021 年 7 月 10 日发布了《网络安全审查办法（修订草案征求意见稿）》，在上位法依据中增加了《数据安全法》，网络安全审查的启动条件和保护客体不再局限于防范《网络安全法》中关于关键信息基础设施运营者采购网络产品和服务所面临的供应链安全风险，以及进而产生的国家安全风险，同时包括数据处理者开展数据处理活动可能对国家安全造成的风险。

2021 年 11 月 16 日，《网络安全审查办法》经国家互联网信息办公室 2021 年第 20 次室务会议审议通过，并联合国家发展和改革委员会、工业和信息化部、公安部、国家安全部、财政部、商务部、中国人民银行、国家市场监督管理总局、国家广播电视总局、中国证券监督管理委员会、国家保密局、国家密码管理局发布，自 2022 年 2 月 15 日起施行。

《数据安全法》第二十四条规定：

第二十四条 国家建立数据安全审查制度，对影响或者可能影响国家安全的数据处理活动进行国家安全审查。

依法作出的安全审查决定为最终决定。

注意，其中规定的“数据安全审查制度”并非《网络安全审查办法》所规定的“网络安全审查制度”，同时《数据安全法》并未展开规定“数据安全审查制度”的具体内容，为《数据安全管理办法（征求意见稿）》修订和出台预留立法空间，如表 1-7 所示。

表 1-7 《网络安全法》与《数据安全法》的对照（七）

《网络安全法》	《数据安全法》
第三十五条 关键信息基础设施的运营者采购网络产品和服务，可能影响国家安全的，应当通过国家网信部门会同国务院有关部门组织的国家安全审查。	**第二十四条** 国家建立数据安全审查制度，对影响或者可能影响国家安全的数据处理活动进行国家安全审查。 依法作出的安全审查决定为最终决定。

八、完善数据安全监督管理体制

相比《网络安全法》，除了规定国家网信部门统筹协调的“总指导”职能和国务院电信主管部门、公安部门等的“配合”职能，《数据安全法》第五条和第六条既赋予了工业、电信、交通、金融、自然资源、卫生健康、教育、科技等主管部门数据安全监管职责，也明确了中央以外各地区对其所收集和产生的数据及数据安全负责，并且将“总指导”、协调和决策的职能上交到国家安全委员会。国家互联网信息办公室与其他数据安全监管机构一样，只负责其职责范围内（网络数据安全）的统筹协调和监管工作。这一规定更好地划分了中央各部门之间、中央与地方之间的职责，避免了出现监管盲区，也印证了《数据安全法》下数据范围的广泛。

在国家网信部门协调统筹下，各职能范围内的监管机构将更有效地监督管理企业的数据处理行为，保障数据安全，如表 1-8 所示。

表 1-8 《网络安全法》与《数据安全法》的对照（八）

《网络安全法》	《数据安全法》
第八条 国家网信部门负责统筹协调网络安全工作和相关监督管理工作。国务院电信主管部门、公安部门和其他有关机关依照本法和有关法律、行政法规的规定，在各自职责范围内负责网络安全保护和监督管理工作。 县级以上地方人民政府有关部门的网络安全保护和监督管理职责，按照国家有关规定确定。	**第五条** 中央国家安全领导机构负责国家数据安全工作的决策和议事协调，研究制定、指导实施国家数据安全战略和有关重大方针政策，统筹协调国家数据安全的重大事项和重要工作，建立国家数据安全工作协调机制。 **第六条** 各地区、各部门对本地区、本部门工作中收集和产生的数据及数据安全负责。 工业、电信、交通、金融、自然资源、卫生健康、教育、科技等主管部门承担本行业、本领域数据安全监管职责。 公安机关、国家安全机关等依照本法和有关法律、行政法规的规定，在各自职责范围内承担数据安全监管职责。 国家网信部门依照本法和有关法律、行政法规的规定，负责统筹协调网络数据安全和相关监管工作。

第 2 章

《数据安全法》与相关立法的关系

与《数据安全法》密切相关的立法，除了《网络安全法》，还有《个人信息保护法》及数据分类分级相关规范。第 1 章对《数据安全法》和《网络安全法》的具体内容的衔接适用进行了说明，本章则从宏观上简单概括总结相关法律的关系。由于“数据”与“个人信息”在范围上有一定的重合，因而《数据安全法》与《个人信息保护法》之间的配套衔接首先需要明确个人信息的范围，并对个人信息保护相关内容予以特别关注。同时，《数据安全法》中有关数据分级分类保护制度构建的规定仅是框架性的，还需要在参考地方法规和国家标准的基础上，出台更为具体的规范。

《数据安全法》相关法条

第三条 本法所称数据，是指任何以电子或者其他方式对信息的记录。

数据处理，包括数据的收集、存储、使用、加工、传输、提供、公开等。

数据安全，是指通过采取必要措施，确保数据处于有效保护和合法利用的状态，以及具备保障持续安全状态的能力。

第二十一条 国家建立数据分类分级保护制度，根据数据在经济社会发展中的重要程度，以及一旦遭到篡改、破坏、泄露或者非法获取、非法利用，对国家安全、公共利益或者个人、组织合法权益造成的危害程度，对数据实行分类分级保护。国家数据安全工作协调机制统筹协调有关部门制定重要数据目录，加强对重要数据的保护。

关系国家安全、国民经济命脉、重要民生、重大公共利益等数据属于国家核心数据，实行更加严格的管理制度。

各地区、各部门应当按照数据分类分级保护制度，确定本地区、本部门以及相关行业、领域的重要数据具体目录，对列入目录的数据进行重点保护。

第二十七条 开展数据处理活动应当依照法律、法规的规定，建立健全全流程数据安全管理制度，组织开展数据安全教育培训，采取相应的技术措施和其他必要措施，保障数据安全。利用互联网等信息网络开展数据处理活动，应当在网络安全等级保护制度的基础上，履行上述数据安全保护义务。

重要数据的处理者应当明确数据安全负责人和管理机构，落实数据安全保护责任。

第四十五条 开展数据处理活动的组织、个人不履行本法第二十七条、第二十九条、第三十条规定的数据安全保护义务的，由有关主管部门责令改正，给予警告，可以并处五万元以上五十万元以下罚款，对直接负责的主管人员和其他直接责任人员可以处一万元以上十万元以下罚款；拒不改正或者造成大量数据泄露等严重后果的，处五十万元以上二百万元以下罚款，并可以责令暂停相关业务、停业整顿、吊销相关业务许可证或者吊销营业执照，对直接负责的主管人员和其他直接责任人员处五万元以上二十万元以下罚款。

违反国家核心数据管理制度，危害国家主权、安全和发展利益的，由有关主管部门处二百万元以上一千万元以下罚款，并根据情况责令暂停相关业务、停业整顿、吊销相关业务许可证或者吊销营业执照；构成犯罪的，依法追究刑事责任。

解读分析

一、与《网络安全法》的配套和衔接

第一，《数据安全法》与《网络安全法》的规制范围是交叉重合的关系，具体如下：

① 数据安全与网络安全共同属于国家安全的一部分，两者具有共同的目标，但网络安全规范重点针对网络环境而受制于主权边界，数据安全规范则因着眼于数据生命周期，在涉及数据跨境时具有一定的域外效力。

② 数据处理者、控制者与网络运营者之间有交叉重合，一部分网络所有者、管理者和网络服务提供者同时是数据处理者、控制者。

③ 关于“数据”这一特定客体，《网络安全法》所涉数据安全保障限定在“网络数据”范围内，即针对通过网络收集、存储、传输、处理和产生的电子数据。而《数据安全法》中的“数据”是指任何以电子或者其他方式对信息的记录。

第二，从数据安全相关规则看，《网络安全法》与《数据安全法》构建的保障数据安全具体制度的基本理念是一致的，都以义务主体的行为规范与监管为主要手段。但两者又有差别，所包含的监管要求也不同：

① 在《网络安全法》中，“网络数据安全”是其中一个目的，通过网络运营者采取措施保障网络运行、应对网络安全事件、按照等级保护要求防止网络数据破坏等行为，以实现网络数据的完整性、保密性和可用性。因此，《网络安全法》中的网络数据安全本质上是关注网络运营者对其所控制的整个网络环境及其软、硬件设备的安全保障。

②《数据安全法》是以数据及数据生命周期为核心构建的规范。其构建的安全认证、风险评估、数据分类分级保护等具体措施都是针对数据的收集、存储、使用、流转等过程。尽管数据安全的保障中不可避免地会涉及网络安全，如《数据安全法》第二十七条中要求的“在网络等级保护基础上建立全流程数据安全制度”，但网络安全只是保障数据安全的方式之一，其最终落脚点仍然是数据是否处于持续安全的状态。

因此，事实上，《网络安全法》和《数据安全法》所架构的两条不同的安保体系是并行的，各自重点不同。只不过在实践中，许多兼具数据控制者和网络运营者身份的主体在进行有关数据活动时，可能同时触发两个法律的适用。例如，在对存储中的数据进行加密保护时，需要承担来自两部法律的双重义务。

第三，《数据安全法》和《网络安全法》在数据发展和治理方面有共同的关注点，包括公共数据资源的开发利用、数据分类分级、关键信息基础设施运营者义务等。

《数据安全法》第五章“政务数据安全与开放”中对国家机关的职责和义务提出明确的要求，将《网络安全法》的“网络数据安全与利用”中的一部分内容进行了细化。而在数据分类分级保护方面，《数据安全法》第二十一条关于“重要数据”的描述虽然对《网络安全法》中提及的重要数据进行了概念上的补充，但“一旦遭到篡改、破坏、泄露或者非法获取、非法利用，对国家安全、公共利益或者个人、组织合法权益造成的危害程度”的表述仍然太过宽泛和模糊，需要制定更加具体的规范，予以配套使用。同样的问题也出现在“关键信息基础设施运营者”范围的确定上，需要其他规范予以辅助。

二、与《个人信息保护法》的配套和衔接

《数据安全法》与《个人信息保护法》之间的交叉重合是必然的，因为个人信息原本就属于数据的一部分。《个人信息保护法》是对《数据安全法》第七条中“个人相关数据权益”部分的特别规定。基于此，《数据安全法》和《个人信息保护法》适用中的配套衔接需要重点关注

以下问题。

第一，《数据安全法》与《个人信息保护法》的衔接与配套需要明确个人信息的范围。

《个人信息保护法》第四条规定，个人信息是以电子或者其他方式记录的与已识别或者可识别的自然人有关的各种信息，不包括匿名化处理后的信息。第七十三条之（四）对“匿名化”的解释为个人信息经过处理无法识别特定自然人且不能复原的过程。参考该条之（三）对“去标识化”的解释（去标识化是指个人信息经过处理，使其在不借助额外信息的情况下无法识别特定自然人的过程），匿名化后的个人信息应当是不但无法独立识别个人，而且与其他信息结合也无法识别个人，并要求匿名化后的信息不能复原。因此，只要某信息能与其他信息结合识别出个人的，都属于《个人信息保护法》中的个人信息的范围。而确定个人信息的范围后，即可确定匿名化处理后的信息属于一般性的数据资源，适用《数据安全法》中有关数据发展和资源利用的相关规定。

对于个人信息对应的这部分数据而言，涉及个人信息权益保护的必须受《个人信息保护法》规制，而一些数据整体安全要求以《数据安全法》为准。同时，《数据安全法》和《个人信息保护法》在数据处理者、控制者有关个人信息安全保障义务的规范上基本一致，如合法合理收集使用个人信息，采取措施保障个人信息安全，以及发生泄露事件时及时告知用户等。

第二，由于《个人信息保护法》具有“特别法”属性，因此有关个人信息安全保障义务及其法律责任的内容，与《数据安全法》不一致之处，应以《个人信息保护法》为主要的评估依据。

《数据安全法》与《个人信息保护法》均要求义务主体采取措施来防范信息（数据）泄露，以及发生泄露事件后告知用户和上报监管部门，但两部法律中规定的法律责任不同。

《数据安全法》第二十九条规定了组织、个人开展数据处理活动时的风险监测，及时发现漏洞并采取补救措施，发生数据安全事件时告知用户和报告主管部门的义务。同时，第四十五条明确规定了不履行本法第二十九条规定的数据安全保护义务所面临的法律责任。

第四十五条 开展数据处理活动的组织、个人不履行本法第二十七条、第二十九条、第三十条规定的数据安全保护义务的，由有关主管部门责令改正，给予警告，可以并处五万元以上五十万元以下罚款，对直接负责的主管人员和其他直接责任人员可以处一万元以上十万元以下罚款；拒不改正或者造成大量数据泄露等严重后果的，处五十万元以上二百万元以下罚款，并可以责令暂停相关业务、停业整顿、吊销相关业务许可证或者吊销营业执照，对直接负责的主管人员和其他直接责任人员处五万元以上二十万元以下罚款。

违反国家核心数据管理制度，危害国家主权、安全和发展利益的，由有关主管部门处二百万元以上一千万元以下罚款，并根据情况责令暂停相关业务、停业整顿、吊销相关业务许可证或者吊销营业执照；构成犯罪的，依法追究刑事责任。

《个人信息保护法》第五十一条和第五十七条规定了个人信息处理者应采取措施防范风险，防止未经授权的访问以及个人信息泄露、篡改、丢失，发生或者可能发生个人信息泄露、篡改、丢失的，个人信息处理者应当立即采取补救措施，并通知履行个人信息保护职责的部门和个人。第六十六条则规定了未履行个人信息保护义务时面临的法律责任。

第六十六条 违反本法规定处理个人信息，或者处理个人信息未履行本法规定的个人信息保护义务的，由履行个人信息保护职责的部门责令改正，给予警告，没收违法所得，对违法处理个人信息的应用程序，责令暂停或者终止提供服务；拒不改正的，并处一百万元以下罚款；对直接负责的主管人员和其他直接责任人员处一万元以上十万元以下罚款。

有前款规定的违法行为，情节严重的，由省级以上履行个人信息保护职责的部门责令改正，没收违法所得，并处五千万元以下或者上一年度营业额百分之五以下罚款，并可以责令暂停相关业务或者停业整顿、通报有关主管部门吊销相关业务许可或者吊销营业执照；对直接负责的主管人员和其他直接责任人员处十万元以上一百万元以下罚款，并可以决定禁止其在一定期限内担任相关企业的董事、监事、高级管理人员和个人信息保护负责人。

从上述对比中可知，《个人信息保护法》的法律责任明显重于《数据安全法》，由于《个人信息保护法》属于个人信息保护领域的专门法，因此，在有关主体处理个人信息时，如出现未按照要求采取措施防范信息泄露，以及未及时告知用户和监管部门信息泄露事件的情形，法律责任应按照《个人信息保护法》的规定予以评估。

三、与数据分类分级相关规范的配套和衔接

《数据安全法》第二十一条旨在构建全方位、系统化的数据分类分级保护制度，从数据的重要性和泄露后可能的危害结果角度来初步划定数据的级别，以行业和领域作为数据分类的重要标准之一。但《数据安全法》提出的仅是分类分级的整体思路和构建划分标准的原则，各类数据分类分级的具体方法和判断仍需要依托其他法律规范来实现。然而，在大数据时代想要给纷繁复杂、五花八门的数据按照比较科学的方式进行统一分类分级必然是件高难度的事。鉴于数据的分类分级工作也曾经在地方政府、行政部门的实践中有所尝试，因此我们有必要对过往的经验做一个梳理，从中找到一些合理的借鉴。

1. 上海公共数据开放分级分类

2019 年 11 月 1 日，上海市经济和信息化委员会印发了《上海市公共数据开放分级分类指南（试行）》，作为贯彻落实《上海市公共数据开放暂行办法》的配套措施。《上海市公共数据开放分级分类指南（试行）》虽然仅针对公共数据，不包括企业等机构收集的用户数据，但是公共数据依然因为其庞大的数量和丰富的类型而具有相当的代表性。

上海的分类分级思路在《上海市公共数据开放分级分类指南（试行）》中体现得非常清楚。首先是分级，《上海市公共数据开放分级分类指南（试行）》的做法是根据公共数据安全要求、个人信息保护要求

和应用要求等因素，将公共数据分为不同级别；而《上海市公共数据开放分级分类指南（试行）》中的“分类”与通常意义的“分类”不太一样，这里按照对公共数据开放程度，将公共数据分为无条件开放、有条件开放、非开放三类。

《上海市公共数据开放分级分类指南（试行）》更值得借鉴的是“分级”方面的思路。上海的公共数据分级还提出了颗粒度更细的标准，分别从描述对象、数据安全、应用场景、反馈要求等维度展开，如表 2-1 所示。

表 2-1　上海的公共数据分级

描述对象	数据安全	应用场景	反馈要求
个人	基础数据安全保护能力	个人敏感信息挖掘	注明来源、定期抽查
组织	较完善的数据安全保护体系	可在自身业务范围内使用，不得针对具体组织对外发布	注明来源、实时日志、定期报告
客体		可在自身业务范围内使用，仅限于主管部门授权	

除此以外，《上海市公共数据开放分级分类指南（试行）》还有一个值得一提的亮点，就是规定了“数据融合风险”，在多个数据集融合的场景下导致数据的级别发生动态变化，此时应当重新进行定级评估。不得不说，这一做法是符合数据领域的实践特征的，很多信息独立来看是没有敏感性的，但结合起来就可以识别身份甚至披露更多敏感内容，因此动态评估非常有必要。

与《上海市公共数据开放分级分类指南（试行）》类似的还包括贵州省《政府数据　数据分类分级指南》（DB 52/T 1123—2016），也是对公共数据做出的分类分级尝试。

2. 工业和信息化部《网络数据安全标准体系建设指南（征求意见稿）》

2020 年 4 月，工业和信息化部发布《网络数据安全标准体系建设指南（征求意见稿）》（以下简称《征求意见稿》）。《征求意见稿》是一个网络数据安全标准体系，包括基础共性、关键技术、安全管理、重点领域四大类标准。其中，《基础电信企业数据分类分级方法（征求意见稿）》（YD/T 3813—2020）属于三类基础共性标准中的一类，根据基础电信企业业务运营特点和企业内部管理方法，收集企业内所有部门的数据资源，并进行梳理。按照线分类法，根据业务属性（或特征），基础电信企业数据可以分为若干数据大类；然后按照大类内部的数据隶属关系，每个大类的数据分为若干层级，每个层级再分为若干子类。

分类完成后，在分级方面，根据基础电信企业数据重要程度以及泄露后对国家安全、社会秩序、企业经营管理和公众利益造成的影响和危害程度给出安全等级。

综上，《征求意见稿》的思路是先按照业务类型或特征来给数据分类，再按照数据带来的影响和风险程度定级，这个思路与《数据安全法》的要求不谋而合。当然，由于《征求意见稿》针对的数据限于“基础电信企业”场景，因此具有一定的局限性，更值得关注的还是标准体系中的《电信和互联网物联网业务数据分类分级方法》。

3.《金融数据安全　数据安全分级指南》

《金融数据安全　数据安全分级指南》（JR/T 0197—2020）由中国人民银行科技司、中国银行保险监督管理委员会等单位起草，旨在指导金融业机构合理定级与利用金融数据。

既然是限定在金融数据场景，也就没必要过多对数据分类了，所以《金融数据安全　数据安全分级指南》（JR/T 0197—2020）的重点放在了“分级”，并且主要将数据的安全性作为衡量分级的标准，其中主要考虑数据安全遭到破坏后的影响对象和影响程度两个要素。影响对象是指金融业机构数据安全遭受破坏后受到影响的对象，包括国家安全、公众权益、个人隐私、企业合法权益等。影响程度是指金融业机构数据安全遭到破坏后所产生影响的大小，从高到低划分为非常严重、严重、中等和轻微。

此外，《金融数据安全　数据安全分级指南》（JR/T 0197—2020）也强调了在数据汇集的情况下应对数据安全等级动态评估的理念，认为如果进行了数据汇聚，数据泄露造成的危害必然会增大，从而使得数据安全等级上升，反之，数据进行脱敏后使用、传输和存储，其安全等级则相应下降。

除了上述文件，《工业数据分类分级指南（试行）》和《证券期货业数据分类分级指引》等有关标准也可以参考。

4. 总结和展望

总体上，先分类再分级是前置性的工作，由于现有的分类分级做法通常是限制在公共数据、垂直类行业数据等确定性场景下的，因此对覆盖所有行业的整体数据分类并没有提出特别明确的参考。

对此《数据安全法》似乎已经给出了大方向，重点根据数据在经济社会发展中的重要程度进行分类，并且提出了“重要数据”和“国家核心数据”两个级别。其中，后者是指“关系国家安全、国民经济命脉、重要民生、重大公共利益等的数据”，所以这两种数据一定是分级工作中的重点。

围绕“一旦遭到篡改、破坏、泄露或者非法获取、非法利用，对国家安全、公共利益或者个人、组织合法权益造成的危害程度”，从危害程度来制定颗粒度更细的定级标准。所以，最终呈现出来的分类定级标准很可能是某个数据集合属于第几类的第几级，进而确定对应的安全保障标准。

2021 年 11 月 16 日，《网络安全审查办法》经国家互联网信息办公室 2021 年第 20 次室务会议审议通过，并经国家发展和改革委员会、工业和信息化部、公安部、国家安全部、财政部、商务部、中国人民银行、国家市场监督管理总局、国家广播电视总局、中国证券监督管理委员会、国家保密局、国家密码管理局同意，自 2022 年 2 月 15 日起施行。《网络安全审查办法》对重要数据的安全保障义务进行了细化规定，将网络平台运营者开展数据处理活动影响或者可能影响国家安全等情形纳入网络安全审查，并明确掌握超过 100 万用户个人信息的网络平台运营者赴国外上市必须向网络安全审查办公室申报网络安全审查。根据审查实际需要，增加证监会作为网络安全审查工作机制成员单位，同时完善了国家安全风险评估因素等内容。同样，《重要数据识别指南（征求意见稿）》从经济、人口健康、自然资源与环境、科技、安全、应用服务、政务等方面说明了重要数据的特征。

当然，还有一个技术含量非常高且非常重要的工作，就是“数据汇集”情况下数据动态定级的问题。数据的最大特点是在流动和使用中创造价值，所以不能用一个固定的框架静态评估流动融合中的数据安全等级，应该结合使用场景、汇集后的对象等因素给出动态评估标准。这也许会成为一项难度更高的工作，毕竟数据汇集的情况异常复杂多变，从中找到一以贯之的评价维度并非易事。

第 3 章

数据与个人信息、个人隐私及有关处理活动

《数据安全法》与《个人信息保护法》之间的适用问题关键在于区分数据与个人信息。而从《数据安全法》所定义的数据含义可知，数据不仅包括大数据、脱敏化后处理的数据，也包括相关的数据产品中仍然存在的可以对应到个人的信息和隐私。因此，讨论数据与个人信息、个人隐私之间的关系，并对数据和个人信息处理活动进行评价，是落实《数据安全法》及其他相关法律法规的前提。“大数据产品第一案”和“某知名电商平台诉某科技企业案”就包含了有关原始数据、衍生数据、个人信息的内涵、处理活动的讨论，以及关于数据权益确认的司法探索与实践。从该案件出发，理解《数据安全法》中的相关概念对于企业合规有重要意义。

《数据安全法》相关法条

第三条 本法所称数据，是指任何以电子或者其他方式对信息的记录。

数据处理，包括数据的收集、存储、使用、加工、传输、提供、公开等。

数据安全，是指通过采取必要措施，确保数据处于有效保护和合法利用的状态，以及具备保障持续安全状态的能力。

第三十八条 国家机关为履行法定职责的需要收集、使用数据，应当在其履行法定职责的范围内依照法律、行政法规规定的条件和程序进行；对在履行职责中知悉的个人隐私、个人信息、商业秘密、保密商务信息等数据应当依法予以保密，不得泄露或者非法向他人提供。

第五十三条 开展涉及国家秘密的数据处理活动，适用《中华人民共和国保守国家秘密法》等法律、行政法规的规定。

在统计、档案工作中开展数据处理活动，开展涉及个人信息的数据处理活动，还应当遵守有关法律、行政法规的规定。

参考案例

2017年12月，原告某知名电商平台（以下简称“T公司”）起诉被告某知名科技公司（以下简称“M公司”），声称“××参谋”零售电商数据平台是T公司开发运营的一款数据产品，在收集网络用户浏览、搜索、收藏、交易等行为痕迹产生的巨量原始数据基础上，以特定算法深度分析过滤、提炼整合，然后匿名化脱敏处理后形成的预测型、指数型、统计型等衍生数据。M公司运营的“××互助平台”和“××生意参谋众筹”网站以提供远程登录“××参谋”零售电商数据平台的技术服务来招揽客户，帮助客户获取信息数据并从中获利。T公司认为，M公司的行为构成不正当竞争行为。

2018年，某互联网法院做出判决（〔2017〕浙8601民初4034号，一审）认为，从规则公开方面看，T公司平台已向其用户公开了涉及个人信息、非个人信息收集规定的《法律声明及隐私权政策》；从取得用户同意方面看，T公司平台在其用户注册账号时通过服务协议、法律声明及隐私权政策的形式取得了授权许可；从行为的合法正当性来看，T公司平台经授权后收集使用的原始数据均来自其用户的主动提供或平台自动获取的活动痕迹，不存在非法渠道获取信息的行为；从行为必要性看，T公司平台收集、使用原始数据的目的在于通过大数据分析为用户的经营活动提供参谋服务，其使用数据信息的目的、方式和范围均符合相关法律规定。因此法院认为，T公司收集、使用网络用户信息以及"××参谋"数据产品公开使用网络用户信息的行为符合法律法规，具有正当性。

M公司主张，T公司未经T公司平台的商户及其软件用户同意，私自抓取用户相关信息，侵犯了用户个人隐私以及商户商业秘密，具有违法性，但其并未提交有效证据予以证明。针对M公司的该抗辩意见，法院不予采纳。

解读分析

一、数据概念的提出

相对于《侵权责任法》等相关法律法规中提到的隐私权保护概念来说，"数据保护"的相关内容在我国的立法过程中出现得比较晚，《中华人民共和国国家安全法》（以下简称《国家安全法》）提到对重要基础设施数据要求安全可控，而《中华人民共和国网络安全法》（2016年11月发布）则首次提出了维护网络数据安全和重要数据等概念。

2017年，《信息安全技术 数据出境安全评估指南（征求意见稿）》中列举了28个行业的重要数据类型、范围，并给出了重要数据的判断依据，但是被2019年相继出台的《个人信息出境安全评估办法（征求意见稿）》等文件淡化了其参考作用。

另外，除了专门针对行业的立法领域，在跨境、证券方面越来越多地把数据立法加入修订内容，如《中华人民共和国出口管制法》（2020年12月1日修订）将"与物项有关的技术信息和数据"纳入出口管制范围。商务部在2020年8月28日颁布的《禁止或限制出口技术清单》中，对相关数据内容提出了出口的具体限制要求。

上述案例之所以具备代表性，是因为这个案件触及了数据的几个核心概念：原始数据与大数据的区别，数据的合法性是什么，数据的权利属于谁，对个人信息进行加工后的数据是什么。

随着互联网产业深度发展，数据成为重要的资源和生产要素，数据能够带来的价值是显而易见的，上述案例虽然没有明确个人信息的定性，但通过对原始数据应当合法采集这一原则的理解，其判决更多地把原始数据指向了针对包括个人信息和非个人信息的一种表现形式。而数据产品所使用的个人信息经过匿名化等方式的脱敏处理，理应已无法识别到自然人。结合对《数据安全法》第三条的理解，上述案例判决重在把数据作为信息的记录形式展现，并没有把个人信息完全排除在数据的含义之外。

二、与个人信息相关立法的比较

2018 年，欧盟发布的 *The General Data Protection Regulation*（GDPR,《通用数据保护条例》）虽然使用了 personal data（个人数据）概念来定义，其内容更接近我国《个人信息保护法》的规则。类似的还有英国的 *Data Protection Act*（《数据保护法案》）、瑞典的 *Swedish Data Act*（《瑞典数据法案》），都是在重点阐述个人数据的收集、使用、保存、分享、传输等权利，对数据控制者、数据主体进行规定，其内容更接近我国《个人信息保护法》中的定义。

因此，数据在欧盟领域并不作为个人信息的特殊区分，而在我国《数据安全法》中，相关数据的主要定义未明确指向为个人信息：

> **第三条** 本法所称数据，是指任何以电子或者其他方式对信息的记录。
>
> 数据处理，包括数据的收集、存储、使用、加工、传输、提供、公开等。
>
> 数据安全，是指通过采取必要措施，确保数据处于有效保护和合法利用的状态，以及具备保障持续安全状态的能力。

对比数据的立法，我国对个人信息的保护要求则更早纳入刑事、民事、行政的法律体系之中。例如，《中华人民共和国刑法修正案（七）》（2009年2月28日第十一届全国人民代表大会常务委员会第七次会议通过）和《中华人民共和国刑法修正案（九）》（2015年8月29日第十二届全国人民代表大会常务委员会第十六次会议通过）都明示了针对个人信息的相关犯罪罪名设立，《中华人民共和国民法典》（2020年5月28日第十三届全国人民代表大会第三次会议通过，以下简称《民法典》）对个人信息相关权益做了专门规定，《网络安全法》以网络空间基本法的形式进一步明确了我国个人信息保护的基本原则和框架。在具体的标准层面，工业和信息化部、中央网信办、全国信息安全标准化技术委员会多次制定具体规范、标准，如《电信和互联网用户个人信息保护规定》和《信息安全技术　个人信息安全规范》等。

按照《数据安全法》附则中对个人信息的例外管理约定，我们可以更明确感受到，虽然数据内容包括了个人信息中的部分内容，但《数据安全法》的目的是厘清数据与个人信息的重叠内容，但非完全割裂。在《数据安全法》草案和最终稿中，对个人信息处理活动是否纳入管理也有过调整，关于《数据安全法》与个人信息之间的监管问题还有待立法机关进一步阐明，既要注重发挥个人信息在推动数字经济发展中的作用，也要充分保护个人信息的主体权利。在《数据安全法》和《个人信息保护法》以及未来需要出台的具体的规则中，都应对此尤为关注。

三、数据与个人信息、个人隐私的处理活动的转化

参考王利明对数据与信息的理解，“数据是信息的表现形式。在互联网时代，其主要就是指以电子化方式存储的信息。”《数据安全法》有意强调了以“其他方式对信息的记录”，则是对数据的定义做了延伸。通过对数据分级、数据出境、数据保护义务、数据体量的相关规定，《数据安全法》所定义的数据不仅包括大数据、脱敏化后处理的数据，也包括相关的数据产品中仍然存在的、可以对应到个人的信息和隐私。未来可能出现更多的个人信息、隐私处理到数据

产品的转化相关的案件。

在本章开头的参考案例中，结合判决书可以发现，如果只是基于原始个人信息，对用户的个人信息进行数字化记录的转换，网络运营者虽然在此转换过程中付出了一定劳动，但原始网络数据的内容仍未脱离原网络用户信息范围，故网络运营者对于原始网络数据，仍应受制于网络用户对于其所提供的用户信息，而不能享有独立的权利，网络运营者只能依其与网络用户的约定享有对原始网络数据的使用权。网络大数据产品不同于原始网络数据，其提供的数据内容虽然同样源于网络用户信息，但经过网络运营者大量的智力劳动成果投入加工，经过深度开发与系统整合，最终呈现给消费者的数据内容已独立于网络用户信息、原始网络数据，是与网络用户信息、原始网络数据无直接对应关系的衍生数据。网络运营者对于其开发的大数据产品，应当享有自己独立的财产性权益。但是在当时，法院认为财产所有权作为一项绝对权利，在无法律明确规定的情况下，不应当赋予网络运营者网络大数据产品财产所有权。

通过案例可以发现，个人信息、隐私的处理活动在达到一定程度时，可以通过网络运营者的劳动进行转换。

2015 年国务院印发的《促进大数据发展行动纲要》要求，“健全市场发展机制。建立市场化的数据应用机制，在保障公平竞争的前提下，支持社会资本参与公共服务建设。鼓励政府与企业、社会机构开展合作，通过政府采购、服务外包、社会众包等多种方式，依托专业企业开展政府大数据应用，降低社会管理成本。引导培育大数据交易市场，开展面向应用的数据交易市场试点，探索开展大数据衍生产品交易，鼓励产业链各环节市场主体进行数据交换和交易，促进数据资源流通，建立健全数据资源交易机制和定价机制，规范交易行为。”

把原始的数据、信息转化为大数据产品已经成为互联网企业的经营趋势，全国很多省市区已先后制定和颁布与大数据发展应用有关的条例规范。

企业合规启示

数据处理者在处理数据的过程中，势必会掌握大量的个人信息，以个人信息和非个人信息为基础，对个人信息部分进行去标签化或匿名化处理后，才能更合规地形成具有价值属性的数据产品。在特定情况下，特别是“假名化”等情况下，数据处理者依然可以通过技术方式获取原始的个人信息，这也在相关政府、企业之间的合作中发生了一些困扰：数据产品中是否包含可逆的、可指向个人的信息？个人信息的来源是否合法，数据是否具有竞争性的财产权益，在不同的场景下需要不同的方式应对。

比如，企业有义务根据《国家安全法》和《中华人民共和国保守国家秘密法》配合中央监管机构、安全机关进行处理，数据处理者理应提供相关信息。公安部 2015 年印发了《公安机关信息共享规定》，针对相关网络运营者能够获取用户个人信息，在特定情况下，如何与公安机关进行协作做出了具体要求：

公安信息实现不同层级、不同地区公安机关和公安机关内部不同部门之间的交流和共用进行了规定，并就数据共享的实现方式进行了分类，包括以公安数字证书授权访问（提供信息查询、比对、检索、浏览等信息服务）、数据接口服务调用（以数据接口或者服务调用的方式，通过信息系统互联互通，提供信息查询比对、数据复用、统计分析等信息服务）和批量数据共享交换（以批量数据交换的方式，提供上传、下载等信息传输服务）三类方式。

在对第三方共享数据、披露数据时，首先应该对是否落入个人信息、个人敏感信息范畴进行判断，然后根据企业的属性判断是否属于需要遵守《数据安全法》和《个人信息保护法》特别规定的主体类别，并结合其所处理的信息，判断具体应用的要求。如在上文提到的与第三方共享数据的情况下，如果涉及个人信息，没有经过“三重授权”（如 2015 年“新浪诉脉脉案”），就不能合法合理地提供个人信息。在此原则下，数据授权的合法性根基异常重要。

实践中，一些商业机构也可以从获得的相关的数据产品中（不论是数据产品方主动提供还是撞库等方式），以技术手段分析出个人的身份、习惯、兴趣等内容。即使这些信息经过了处理，但当达到一定的体量，特别是对于有较强算法技术的企业，分析类推并不是难事，这也给一些拥有庞大数据基础、推出多种数据产品的企业带来了合规困境。

继欧盟《通用数据保护条例》（GDPR）生效实施后，2018 年 10 月欧盟又通过了《非个人数据自由流动条例》，用来促进欧盟境内非个人数据自由流动，消除欧盟成员国之间的数据壁垒。从国际视野看，促进数据合理流动更有利于经济平衡发展，打破平台间不合理的限制，这也是打破国与国之间狭隘保护主义的有重要手段。

但不可否认，《非个人数据自由流动条例》是建立在欧盟本身利益基础上的。对跨境数据的流动，GDPR 以较高的要求对个人数据传输做了约束，美国、韩国、巴西、印度等国家在各自的数据法规中也日益重视对跨境的监管要求。随着我国《中华人民共和国反垄断法》（由中华人民共和国第十届全国人民代表大会常务委员会第二十九次会议于 2007 年 8 月 30 日通过，自 2008 年 8 月 1 日起施行，以下简称《反垄断法》）的配套制度推进，以及平台经济反垄断的监管态势日益严峻，对数据产品的利用、数据权益归属争议还将继续。

而企业数据安全合规中对基础信息、个人信息、个人隐私的合法获取、处理始终是数据合法使用的前提，我们更要重视数据在当下及未来的趋势下作为关键生产要素角色，在市场经济体系内流动的必要性，尤其重视数据流动环节中的风险保护措施，在保障合理流动、打破数据壁垒的过程中，也要及时评估数据流动过程中是否违背国家安全的有关要求。

第 4 章

数据权益的内涵与规则

《数据安全法》第七条要求切实保护个人、组织与数据有关的权益。数据包含大数据、脱敏数据、个人信息、个人隐私等，不同的数据类型所承载的权益内容和适用的规则均不相同。

从主体角度出发，个人享有的与数据相关的权益主要是个人信息权益和隐私权。个人信息权益和隐私权对应的救济方式和举证内容均不相同。作为数据的收集者、处理者，组织享有的数据相关权益包括对数据享有的竞争性财产权益、独立的财产权益，对个人信息享有的严格的使用权及数据安全权益等。

《个人信息保护法》出台后，个人信息"可携权"的规定对组织原本享有的数据权益带来一定的冲击，处理好个人和组织各自权益的关系是维护数据使用秩序所必须思考的问题。

《数据安全法》相关法条

第七条 国家保护个人、组织与数据有关的权益，鼓励数据依法合理有效利用，保障数据依法有序自由流动，促进以数据为关键要素的数字经济发展。

规则扩展

数据权益的主体包括个人和组织，探讨数据权益的内涵与规则需从上述两方主体出发。

一、个人与数据有关的权益

1. 个人信息权益

数据在被开发利用前，其原始形态是每个人的个人信息。因而，个人信息主体的权益应是数据权益的一部分。《民法典》第一百一十一条、第一千零三十四条确定了个人信息是受法律保护的权益。《个人信息保护法》对个人享有的权益予以重申和肯定，并在第四章将个人信息权益具化为知情权、决定权、复制查阅的权利、转移权（可携权）、更正补充权、删除权、撤回同意权等。《信息安全技术 个人信息安全规范》（GB/T 35273—2020）中将个人信息权益细化为知情权及查询、更正、删除、撤回同意、注销、获取副本、申诉等具体权益内容，与《个人信息保护法》的规定基本一致。

2. 隐私权

隐私权属于人格权范畴。《民法典》第一千零三十二条规定了隐私权的具体内涵。隐私权是指自然人的私人生活安宁和不愿为他人知晓的私密空间、私密活动、私密信息。《民法典》第一千零三十四条规定：

> 个人信息是以电子或者其他方式记录的，能够单独或者与其他信息结合识别特定自然人的各种信息，包括自然人的姓名、出生日期、身份证件号码、生物识别信息、住址、电

话号码、电子邮箱、健康信息、行踪信息等。

个人信息中的私密信息，适用有关隐私权的规定；没有规定的，适用有关个人信息保护的规定。

由此可知，个人信息中有一部分内容也会构成个人隐私中的“私密信息”，并且如果个人信息兼具了“私密信息”的属性，那么《民法典》要求在适用法律规则的时候，优先适用隐私权的规定，没有规定的，再适用有关个人信息保护的规定。

3. 个人信息权益与隐私权的区别及维权路径选择问题

《民法典》第一千零三十四条确定了优先适用隐私权的规制思路，因此不得不考虑这样一个问题：如果侵权人针对同一个信息内容实施的行为同时构成了侵害个人信息和侵害隐私权（如病历信息），是否只能主张隐私权保护？能否放弃隐私权而主张个人信息权益呢？隐私权是一项确定的人格权，相对于作为“权益”的个人信息权益而言，具有更久远的法律传统和规则体系。优先适用隐私权不仅符合维权的一般思路，也更有利于个人在维权过程中找到权利依据。但在实践中，个人维权需要考虑诸多因素，而很多时候，主张侵害个人信息权益更有利于维权的个人。这要从隐私权和个人信息权益的不同之处谈起。

（1）隐私包括的要素

根据《民法典》对隐私权的规定，隐私包括两个要素：生活安宁和私密信息（空间、活动、信息）。

《民法典》第一千零三十二条规定：

自然人享有隐私权。任何组织或者个人不得以刺探、侵扰、泄露、公开等方式侵害他人的隐私权。

因此，隐私权的范围是确保隐私的本原状态不受破坏（打扰、刺探、公开）。如果个人在某项私密信息受到侵害时希望以隐私权作为权利基础进行主张时，就意味着个人需要证明该信息“不愿为他人知晓”，压根就不想让别人获取到。但事实上，私密信息在某些特定情形下，可以由个人授权第三方进行使用，因而优先适用隐私权的规定并不必然能为个人提供有效的保护和救济。

（2）个人信息的关键在于识别特定自然人

《民法典》第一百一十一条规定：

> 自然人的个人信息受法律保护。任何组织或者个人需要获取他人个人信息的，应当依法取得并确保信息安全，不得非法收集、使用、加工、传输他人个人信息，不得非法买卖、提供或者公开他人个人信息。

由此可见，个人信息权益强调信息主体的掌控力，需要提前获得许可后方可使用。因此，对于个人而言，隐私和个人信息带来的“效用”是不同的，隐私更侧重于人身和人格层面，是被动的、绝对排斥外界的“接触”；个人信息除了具有人身属性，还具有经济和财产属性，所以法律赋予信息主体主动的、相对排斥外界接触的能力，只要信息主体授权，信息是可以对外投入流动和使用的。

综上，涉及侵害个人信息的侵权案件不应过分、机械地采用优先适用隐私权的相关规定的方式，被侵权的个人应被允许自主选择以何种途径进行维权。

二、组织与数据有关的权益

组织与数据有关的权益包括两方面：数据资源相关权益、数据安全权益。

1. 数据资源相关权益

（1）大数据产品——竞争性财产权益

在第 3 章的参考案例（〔2018〕浙 01 民终 7312 号，二审）中，法院认为，“××参谋”数据产品是 T 公司经过长期经营积累而形成的，具有可观的商业利益与市场竞争优势，T 公司对此享有竞争性财产权益。该案例开启了互联网企业对所开发的数据产品是否享有财产权益的探讨。

据该案例，组织获得数据产品独立财产权的正当性基础在于：① 投入劳动；② 赋予价值；③ 不损害国家、社会公共利益及其他主体合法权益。在这些正当性基础上，某互联网法院互联网审判庭的庭长认为，价值贡献说应作为数据权属的主要判断。当下数据已然成为民事法律关系客体上的“物”，为市场竞相争夺，数据权益的归属应该以创造该“物”经济价值的贡献率作为主要的判断依据。

（2）匿名化处理后的个人信息——独立的财产性权益

《个人信息保护法》规定：

> **第四条** 个人信息是以电子或者其他方式记录的与已识别或者可识别的自然人有关的各种信息，不包括匿名化处理后的信息。
>
> 个人信息的处理包括个人信息的收集、存储、使用、加工、传输、提供、公开、删除等。

《个人信息保护法》第七十三条称：

> 匿名化，是指个人信息经过处理无法识别特定自然人且不能复原的过程。

因此，匿名化处理后的信息无法识别特定自然人，且无法复原，即无法与其他数据结合再次识别个人。此类数据不具有人身属性，且由互联网企业等组织基于其业务开展积累所得，因此相应的组织享有独立的财产性权益，可以自由使用。

（3）包含个人信息的数据——严格限定的使用权

第一，组织从个人信息主体处直接收集的原始数据，其使用权仅限于个人授权的范围内。

《网络安全法》《数据安全法》和《个人信息保护法》等法规已经确定了组织获取个人信息必须遵循合法、正当、必要原则，《个人信息保护法》则明确了用户同意、订立及履行合同、法定职责、应对公共卫生事件所需、为公共利益进行新闻报道等获取个人信息的合法性基础。其中，用户的授权同意是获得个人信息使用权的最重要的方式，是各类组织开展业务活动，通过对个人信息等数据的分析从而提供服务、获得盈利的前提。以用户同意作为前提的数据权益有明确的范围，必须在用户的授权范围内获取和使用。

第二，从其他组织间接获得个人信息还应遵守“三重授权”原则，不仅需要获得个人信息主体的授权，还应当获得其他组织的授权。

某微博诉某社交平台案（〔2016〕京 73 民终 588 号）确立的第三方通过 OpenAPI 获取用户信息时应坚持“用户授权+平台授权+用户授权”的“三重授权”原则。“三重授权”原则所构建的规则不仅是对个人信息主体权益的保障，也是尊重数据原始收集主体的利益。

（4）数据资产相关权益规则

例如，在某互联网公司 TX 公司诉某群控软件案（〔2019〕浙 8601 民终 1987 号）中，某互联网法院将 TX 公司的数据资源区分数据资源整体与单一数据个体，并且认为，网络平台方对于数据资源整体与单一数据个体所享有的是不同的数据权益。

就数据资源整体而言，是经平台方投入大量人力、物力，长期经营积累聚集而成的衍生数据，且能带来商业利益与竞争优势，那么平台方对此享有竞争权益，一旦被破坏或擅自使用，平台方可以要求获得赔偿。但就单一数据个体而言，如用户账号、好友关系、用户操作数据等，由于平台方只能依其与用户的约定对原始数据享有有限使用权，而非专有权，第三方擅自使用的行为仅涉嫌侵犯个人信息权益，平台方不能因此而主张损失赔偿。但是如果因第三方擅自使用的行为危害了平台内用户的个人信息安全，平台方基于提供安全保护的法定义务，应当有权请求予以禁止。

2. 数据安全权益

《数据安全法》规定：

> **第三条** 本法所称数据，是指任何以电子或者其他方式对信息的记录。
>
> 数据处理，包括数据的收集、存储、使用、加工、传输、提供、公开等。
>
> 数据安全，是指通过采取必要措施，确保数据处于有效保护和合法利用的状态，以及具备保障持续安全状态的能力。

这种数据安全是不容许其他主体任意侵害和破坏的，因此数据安全除了是组织的义务，也是组织与数据有关的权益之一。

数据安全与数据资源息息相关。同时，随着国家数据安全意识的提升及《数据安全法》的出台，更多组织开始集中人力、物力、财力打造自己的数据安全生态，数据安全也逐渐成为一种组织不可或缺的数据权益。因此，当第三方通过诸如攻击站点、滥用爬虫及无障碍服务等方式危害组织运营的平台内的数据安全时，破坏的是组织投入大量成本积累所形成的数据安全生态，并且由于组织数据安全生态的破坏，进而降低了其提供服务的质量，势必导致用户对该组织的服务或产品丧失应有的安全感及基本信任，减损用户数据流量的吸引力，进而恶化既有数据资源的经营生态，使组织丧失辛苦积累的竞争优势。

三、数据权益规则的进一步完善与落实的一些动态和思考

第一，数据权益保障规则是打破“数据孤岛”的有效途径，有利于推动数据作为生产要素被充分开发、利用、流通，以发挥经济价值。

2020 年 4 月 9 日，国务院首次公布关于要素市场化配置的文件《关于构建更加完善的要素市场化配置体制机制的意见》，指出土地、劳动力、资本、技术、数据五大生产要素的改革方向和相关体制机制的建设要求。然而，与土地、劳动力、资本这几种生产要素不同，数据在使用过程中没有排他性，多个主体可以一同使用和开发，互不影响，可见其挖掘潜力，这一特性甚至超出了同属于无形资产的技术。也就是说，数据的变现潜力理论上远超传统的生产要素，变现潜力越高对流通的激励就越大，以企业为代表的组织作为经济学上的“理性人”，自然选择追求收益最大化。

实践中，交易成本成为数据资源流通的障碍。从科斯定理很容易推论，在整个数据流通过程中最大的障碍就是交易成本，尤其是如果有人打破交易规则，试图不支付对价就获得数据，整个交易秩序就颠覆了。这种情况下，数据控制者同样更有可能把数据保留自用而非对

外交易流通。此时，法律的价值显现，尊重和保障数据权益，并及时制止以“零和博弈”的方式提升交易成本的一方，强制其遵守交易规则，否则不付出代价的获取必然导致对资源的不珍视和浪费，数据这一基础性的生产要素会在价值链中滑向底层，价值大打折扣。因而，数据权益保障规则的一个重要意义就在于有效维持数据市场秩序，发挥数据应有的价值。

第二，提出个人信息可携权的同时应避免该项权益成为免费搬运数据的工具，组织享有的数据权益仍应得到必要的尊重和保障。

《个人信息保护法》第四十五条关于“个人信息可携权”的规定是该法亮点之一，规定“个人请求将个人信息转移至其指定的个人信息处理者，符合国家网信部门规定条件的，个人信息处理者应当提供转移的途径”。由上述分析可知，作为数据资源的一种，个人信息也是组织享有的数据权益的一部分。因此，个人信息可携权与组织享有的数据权益之间会有一定的冲突，但二者仍有协调的空间。

（1）个人信息可携带不等于数据可携带

《个人信息保护法》中的“个人信息可携权”仅针对个人信息。

如果是纯粹的个人信息和隐私，就应该赋予用户一定程度的可携带权益；如果是个人信息之外的一般用户信息，如用户在平台留下的交易评价信息等，这部分信息的可迁移性就更加应该审慎评估：一方面，这些信息与用户的关联性不强；另一方面，可能对平台的商业价值有更大的意义。所以，应该从迁移后能否做到帕累托最优的角度来进行评估，再做判断。

实际中出现越来越多的情况是，希望获取数据资源的一方，通过向用户开放某种免费服务的方式要求用户将其他平台的信息授权转移过来，如用户撰写的文章、交易评价、支付信息等。这种转移对用户而言是没有操作成本，只需要同意有关授权协议即可，剩下的数据迁移工作由第三方平台通过爬虫或者其他技术手段完成（如借助无障碍抓取、借助 Hook 机制控制获取等），这种方式本质上不过是攫取平台已有数据资源而已。

（2）应当尊重数据容器提供者的贡献，保障组织数据权益

数据资源与人力资源、土地、石油这些有形的资源不同，如果从对手那里挖一个人过来，这是零和博弈，结果是“人无我有”，土地、石油等资源的侵害后果也是一样的。但数据资源可以无限复制，而且投入使用的领域与同属于无形资产的知识产权又不同，并非一定用于与资源主体相同的、可替代的领域中。比如，从某电商平台里抓取数据，可以用于互联网金融借贷信用评估，这种行为直观看上去没有对电商平台形成直接冲击，同时当前动辄强调互联互通、打破数据孤岛等，甚至觉得搬运点数据不产生损害后果。

事实上，数据资源的损害后果更多地体现为资源主体对数据控制力的丧失，让我的“孩子”脱离了我的视野，这本身就是对数据资源权益最大的损害后果。这一点造成的影响不容小觑，我们不能只看数据的静态使用而不顾数据的动态生成。从静态使用角度看，似乎让更多主体获得数据，可以进一步加强数据互通，更大程度开发数据的价值，但我们必须知道，数据资源是需要动态累积和生产的。部分法律人只顾保护用户权益，而看不到商业机构对数据资源的贡献。因此，这里引入“数据容器”概念，商业机构对数据资源的贡献就在于通过不断投入成本来打造和维护一个庞大的“数据容器”，这个容器需要不断给用户提供有价值的服务，从而让数据从用户端源源不断地沉淀下来。没有“数据容器”就根本谈不上大数据，更谈不上数据资源。

而通过各种手段搬运、掠夺数据资源的行为好像在数据容器之外做了一个镜像，把其他数据容器中的数据“克隆”到自己容器中，在这个过程中，用户的数据可携权容易被当作“跳板”。

我们不能只看到用户因此获得的便利以及数据表面上的流动，更应该关注背后的导向后果。不应该只想“携带”搬运数据，而不想生产数据，以免投入成本生产后的资源被“携带”到别处。

第三，构建数据产权规则，并进一步规范数据处理行为和竞争规则是数据治理工作中的重要的趋势。

工业和信息化部近期的政策动态表明，数据产权规则、数据处理行为规则及数据市场竞争规则是推进数据规则进一步完善的重点方向。

2021 年 8 月 25 日，工业和信息化部发布《关于政协第十三届全国委员会第四次会议第 3087 号（政治法律类 131 号）提案答复的函》，其中透露了数据要素市场化建设相关法律制度和标准规范的相关情况，并提出了下一步工作考虑，主要内容包括：

（1）关于“重构数据产权制度”的建议

一是加快印发《“十四五”大数据产业发展规划》，做好规划解读和宣贯工作，推动建立数据资源产权、交易流通、数据监管等基础制度和标准规范。二是组织开展数据交易技术体系、监管体系、定价机制等研究，探索数据产权制度建设面临的主要问题。三是支持贵阳等地建设完善数据交易平台，总结提炼数据交易流通与数据资源权益保护过程中的风险点、技术难点和制度痛点，为我国数据交易市场机制和制度建设积累经验。

（2）关于“确立数据行为秩序”的建议

在总结固化前期工作的基础上，持续强化行业网络数据安全管理。一是积极推动出台《个人信息保护法》等基础性法律制度，建立健全电信和互联网行业数据分类分级保护、重要数据目录保护、共享利用、算法规制等制度标准。二是推动建立企业数据安全保障能力水平认证评价机制，持续深化数据安全合规评估，引导行业不断提升数据保护水平。三是推进全国性行业数据安全监测技术手段建设，为建立完善数据要素市场提供有力的安全监管支撑。

（3）关于“创设数据竞争规则”的建议

加快推动完善数据竞争规则。一是制定数据要素价值评估框架和评估指南，健全数据资产评估体系。二是推动建立市场定价、政府监管的数据要素市场机制，发展数据资产评估、登记结算、交易撮合、争议仲裁等市场运营体系。三是鼓励各类所有制企业参与要素交易平台建设，探索多种形式的数据交易模式。四是强化市场监管，健全风险防范处置机制。

第5章

数据开发利用

数据不仅是权益载体，也是非常重要的生产要素。在明确数据相关权益及使用规则的基础上，国家倡导打破数据孤岛，推进数据开发利用与产业发展相结合。目前，数据在医疗、生物、金融、电商、教育、交通、体育、食品等行业和领域发挥重要作用，不同领域中均出现了新兴智能平台，实现了数据的交汇，并能更加精准地服务于普罗大众。但与此同时，数据安全风险成为阻碍数据开发利用的一个重要原因，具体包括黑客活动窃取数据、网络黑灰产相关的数据泄露问题等。推动实施国家大数据战略，需要在具备融合、协同、智能、安全、开放的数据基础设施的基础上，深入推进各类数据应用的智能化、全面化。

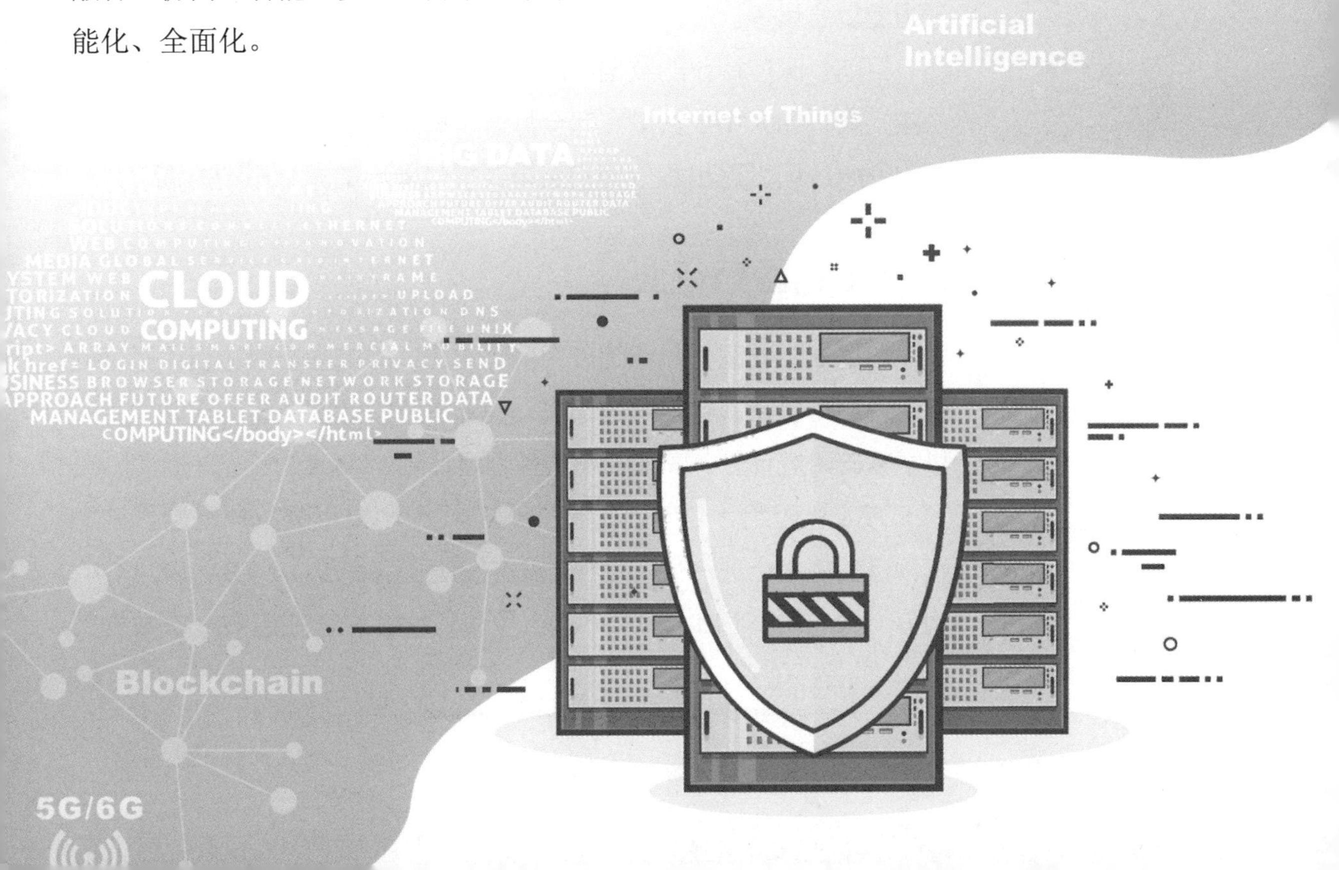

《数据安全法》相关法条一

第十三条 国家统筹发展和安全，坚持以数据开发利用和产业发展促进数据安全，以数据安全保障数据开发利用和产业发展。

参考案例一

一、医疗行业

医疗行业是较早对数据开展开发利用活动的行业，其中电子病历即为典型。在医疗行业中有大量的患者数据、治愈方法数据、药物检测数据等，可以极大地帮助医生对疾病进行有效地诊断和治疗，起到事半功倍的作用。未来，医疗机构还可以借助大数据平台收集海量的病历和治疗方案，再根据每个病人之前所录入的基本特征，提供精准治疗方案，甚至可以完成远程诊疗。数据在医疗行业的应用包括：电子病历、药物使用监测、预测分析、医学成像、安全性和欺诈预防、帮助检测癌症、提供更好的护理、 预测心脏病发作、患者病情监测、预防重复急诊等。

目前，医疗行业的数据应用一直在不断推进过程中，只是仍存在一些问题，如大量数据没有完全打通、孤岛数据较多、无法进行大规模的临床应用，这也是数据安全需要提供保障的一个重要方面。

二、生物医药行业

数据在生物医药行业的应用范围更广，影响力更大。自人类基因组计划启动以来，以美国为代表，世界主要发达国家纷纷启动了生命科学基础研究计划，如国际千人基因组计划、DNA 百科全书计划、英国十万人基因组计划等。这些计划的实施使得生物数据呈爆炸式增长，目前每年全球产生的生物数据总量已达 EB 级（1 TB = 1024 GB，1 PB=1024 TB，1 EB=1024 PB），生命科学领域正在爆发一次数据革命。某种程度上，生命科学已经成为大数据科学。

而生物大数据的应用主要体现在大数据技术在基因分析上的应用。对于基因数据进行全面充分有效保护，是《数据安全法》中数据安全保障数据开发利用和产业发展的一个重要方面。《中华人民共和国人类遗传资源管理条例》（2019 年 7 月 1 日起施行）第八条规定："采集、保藏、利用、对外提供我国人类遗传资源，不得危害我国公众健康、国家安全和社会公共利益"；第十二条规定："采集我国人类遗传资源，应当事先告知人类遗传资源提供者采集目的、采集用途、对健康可能产生的影响、个人隐私保护措施及其享有的自愿参与和随时无条件退出的权利，征得人类遗传资源提供者书面同意"。上述法律规定也是对基因数据保护的细化规定。

三、金融行业

图 5-1 是某银行的商业智能平台建设，"数据分散、口径不统一"是该银行在数据化运营面临的主要问题。通过搭建报表系统，构建包含报表、分析、数据挖掘和业务监控的数据中心应用，以领导决策分析为向导，通过系统进行展现，为经营管理提供数据支撑。从技术上，金融机构在大数据利用上存在两个重要节点：一是底层基础数据的处理，包括整合、清洗和数据统一平台的建设，这需要结合业务、战略去分析规划设计；二是挖掘数据背后隐藏的规律、相关关系等。

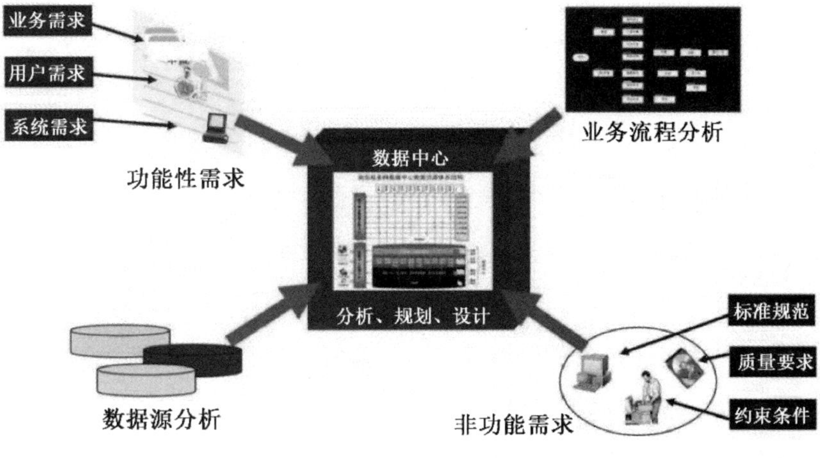

图 5-1　某银行的商业智能平台建设

大数据在金融行业的应用包括：精准营销、风险管控、决策支持、效率提升、产品设计等。

由于金融业的特殊性，金融机构向来都是黑客的“肥肉”，最易受到攻击而发生数据泄露。因为金融机构业务的特殊性，数据信息较为重要，数据的安全性直接关系到个人及企业机构的财产安全。2019 年 7 月 29 日，美国第七大商业银行“第一资本金融公司”宣布，大约 1 亿美国人和 600 万加拿大人的个人信息遭一名“黑客”窃取。大部分失窃数据是个人和小微企业用户申请信用卡时所提供的信息，包括姓名、地址、电话号码、出生日期等身份信息，以及个人收入、信用评分和部分转账记录等金融数据。该事件也给我国金融系统的数据安全保护敲响了警钟。

四、电商行业

电商行业是最早利用大数据进行精准营销的行业之一，除了精准营销，电商还可以依据客户消费习惯提前为客户备货，并利用便利店作为货物中转点，在客户下单后第一时间内送货上门，提升客户体验。菜鸟网络宣称的 24 小时完成在中国境内的送货，以及京东未来将在 15 分钟完成送货上门，都是基于客户消费习惯做出的大数据分析和预测。

未来电商数据应用将会有更多的想象空间，包括预测流行趋势、消费趋势、地域消费特点、客户消费习惯、各种消费行为的关联度、消费热点、影响消费的重要因素等。依托大数据分析，电商的消费数据报告将有利于品牌公司产品设计、生产企业的库存管理和生产计划制定、物流企业的资源配制等，有利于精细化的社会化大生产。

掌握了大量数据的电商平台，也可能在数据利用过程中做出违法违规的行为，需要法律加以规制。如浙江省绍兴市某人民法院于 2021 年 7 月 7 日开庭审理并当庭宣判，被称为是“大数据杀熟”成功维权的第一案。2020 年 7 月，胡某通过某在线旅游服务平台 X 公司的官方 App 订购了舟山某酒店的一间豪华湖景大床房，支付价款 2889 元。但在离开酒店时胡某发现该酒店的实际挂牌价仅为 1377.63 元，订房差价达 1511.37 元。作为钻石级会员，胡某不仅没有享受到平台的 8.5 折优惠价，反而多支付了 1 倍多的房款。随后他与平台沟通，但该平台以其系平台方而非涉案订单的合同相对方等为由，仅退还了部分差价。不满处理结果的胡某选择起诉 X 公司，诉请包括“退一赔三”，要求 X 公司上线不同意《服务协议》和《隐私政策》仍可继续使用的选项。法院最终判决，该在线旅游服务平台赔偿胡某投诉后未完全赔付的差价 243.37 元，以及房款差价的 3 倍支付赔偿金，共计 4777.48 元。

五、农牧行业

大数据在农业应用主要表现为：依据未来商业需求来预测和开展农牧产品生产活动，降低“菜贱伤农”概率；更精确预测未来的天气，帮助农牧民做好自然灾害的预防；帮助农民依据消费者消费习惯来增减品种的种植和生产，提高单位种植面积的产值；帮助牧民通过大数据分析安排放牧范围，有效利用牧场；帮助渔民利用大数据安排休渔期、定位捕鱼范围等。

六、交通行业

近年来，交通运输部高度重视智慧交通发展，提出了将建设交通基础设施和信息化基础设施两个体系，将信息化提升到交通基础设施同等重要的地位。智慧交通扛起了引领交通现代化的大旗，是未来交通发展主要趋势之一。除了依据大数据对红绿灯的设置进行合理安排，以便解决交通难题，交通运输部还对各省份的高速公路联网收费数据进行采集并分析应用，全国货运车辆的行驶情况能更加充分反映国民经济运行情况。

交通运输业的数据泄露事件，典型的有 2016 年某打车软件 U 公司的大规模数据泄露事件。由于黑客攻击，导致 U 公司的全球 5000 万名乘客的姓名、电邮地址和手机号码泄露，另有在 U 公司平台注册的约 700 万名司机的个人信息被盗取，包括 60 万名美国司机的牌照号码。另外，2017 年 7 月，瑞典交通部部长公开承认，由于瑞典交通部的失误，导致该国公民个人数据乃至军方大量绝密资料被泄露。发生在交通运输行业的数据泄露事件表明，数据泄露不仅严重威胁公民个人隐私安全，还可能严重威胁国家和社会安全。

七、教育行业

大数据不仅可以帮助改善教育教学质量，在重大教育决策制定和教育改革等方面也有用武之地。例如，美国利用大数据来诊断处在辍学危险期的学生，探索教育开支与学生学习成绩提升的关系、探索学生缺课与成绩的关系。大数据还可以帮助家长和教师甄别出孩子的学习差距和有效的学习方法。又如，美国的麦格劳－希尔教育出版集团开发了一种预测评估工具，帮助学生评估他们已有的知识和达标测验所需程度之间的差距，进而指出学生有待提高的地方。评估工具可以让教师跟踪学生学习情况，从而找到学生的学习特点和方法。

作为教育行业的重要主体——高校，除了在网络安全和个人信息保护上采取措施，也需要在数据安全等方面全面着力。

例如，深圳大学信息中心出台了相关的数据安全保护制度，即《深圳大学数据共享管理办法》和《数据库运维服务管理规范》。前者对包括学生成绩、老师工资等隐私数据和个人敏感数据的来源记录、使用流程、监督管理办法等做了规定；后者对学校建立统一数据库在运行维护过程中要遵守的规则和保密要求等做了规定。

八、体育行业

大数据对于体育行业的改变涉及各方面。可穿戴设备收集的数据可以让运动员更了解自己的身体状况。通过大数据提供的数据，媒体评论员可以更好地解说比赛和分析比赛。

不断增加的数据已经通过数据分析转化成了洞察力，为体育竞技中的胜利增加筹码，也为身处世界各地的体育爱好者随时随地观赏比赛提供了个性化的体验。

九、环保行业

美国 NOAA（国家海洋和大气管理局）每天通过卫星、船只、飞机、浮标、传感器等收集超过 35 亿份观察数据，还会汇总大气数据、海洋数据和地质数据并进行直接测定，绘制出复杂的高保真预测模型，将其提供给 NWS（美国国家气象局）作为气象预报的参考数据。目前，NOAA 每年新增管理的数据量就高达 30 PB，由 NWS 生成最终分析结果，呈现在日常的天气预报和预警报道中。

十、食品行业

食品监管是食品安全的一个棘手问题。大数据管理将海量数据聚合在一起，将离散的数据需求聚合，形成数据长尾，从而满足以前难以实现的需求。在数据驱动下，采集人们在互联网上提供的举报信息，政府和执法部门可以掌握部分乡村和城市的死角信息，发现不法加工点，提高执法透明度，降低执法成本。政府还可以收集医院提供的就诊信息，分析涉及食品安全的信息，及时进行主动监督检查，第一时间处理，降低已有不安全食品的危害。

另外，大数据管理还可以参考个体在互联网的信息搜索记录，掌握流行疾病在某些区域和季节的爆发趋势，及时进行干预，降低流行危害。

解读分析一

数字经济，作为经济运行模式的一次重大形态重构，是指在经济系统当中，数字技术被广泛使用，由此带来整个经济环境和经济活动的根本变化。

中共中央政治局于 2021 年 10 月 18 日就推动我国数字经济健康发展进行了第三十四次集体学习。

中共中央总书记习近平在主持学习时强调，近年来，互联网、大数据、云计算、人工智能、区块链等技术加速创新，日益融入经济社会发展各领域全过程，数字经济发展速度之快、辐射范围之广、影响程度之深前所未有，正在成为重组全球要素资源、重塑全球经济结构、改变全球竞争格局的关键力量。要站在统筹中华民族伟大复兴战略全局和世界百年未有之大变局的高度，统筹国内国际两个大局、发展安全两件大事，充分发挥海量数据和丰富应用场景优势，促进数字技术与实体经济深度融合，赋能传统产业转型升级，催生新产业新业态新模式，不断做强做优做大我国数字经济。

习近平指出，要完善数字经济治理体系，健全法律法规和政策制度，完善体制机制，提高我国数字经济治理体系和治理能力现代化水平。要完善主管部门、监管机构职责，分工合作、相互配合。要改进提高监管技术和手段，把监管和治理贯穿创新、生产、经营、投资全过程。要明确平台企业主体责任和义务，建设行业自律机制。要开展社会监督、媒体监督、公众监督，形成监督合力。要完善国家安全制度体系。要加强数字经济发展的理论研究，就涉及数字技术和数字经济发展的问题提出对策建议。要积极参与数字经济国际合作，主动参与国际组织数字经济议题谈判，开展双多边数字治理合作，维护和完善多边数字经济治理机制，及时提出中国方案，发出中国声音。

习近平强调，数字经济事关国家发展大局，要做好我国数字经济发展顶层设计和体制机制建设，加强形势研判，抓住机遇，赢得主动。各级领导干部要提高数字经济思维能力和专业素质，增强发展数字经济本领，强化安全意识，推动数字经济更好服务和融入新发展格局。要提高全民全社会数字素养和技能，夯实我国数字经济发展社会基础。

党的十九大报告指出，我国经济已由高速增长阶段转向高质量发展阶段，正处在转变发展方式、优化经济结构、转换增长动力的攻关期。在此过渡阶段，数字经济将作为新的经济增长点和新动能，发挥关键作用。

《数字中国发展报告（2020 年）》（以下简称《报告》）显示，“十三五”时期，我国数字经济总量跃居世界第二，2020 年我国数字经济核心产业增加值占 GDP 的比重达到 7.8%。数据表明，数字经济在我国经济体系中的重要性进一步凸显。作为数字经济发展的关键生产要素，数据充当了“引擎”角色。正是通过对海量数据的开发利用，才得以挖掘数据背后的价值，实现传统行业的创新，推动数字经济的发展。而数字经济的发展需要数据规则的保障。

在数据价值及其应用场景激增的背景下，围绕数据安全的事件风波也在频频发生，保障数据安全成为社会的强烈需求，这也是《数据安全法》的立法核心。《数据安全法》第三条规定，数据安全是指通过采取必要措施，保障数据得到有效保护和合法利用，并持续处于安全状态的能力。据此，数据安全可以归纳为两方面：一是数据自身的安全，即数据保持机密、完整等应有特征；二是数据保障措施的安全，要求措施的有效和合法等。在强调数据安全的同时，作为一种全新的生产要素，数据承载着信息时代下促进经济发展的使命，对数据的开发利用同样不容忽视。

《数据安全法》名称涉及“安全”两字，数据安全不容忽视，而开发利用和产业发展则是数据安全的目的。《数据安全法》为数据的开发利用提供底线保障。只有两者充分结合和相互推动，才能达到立法目的，进一步推动数字经济的发展。

《数据安全法》第一条明确阐明立法目的是为了规范数据处理活动，保障数据安全，促进数据开发利用，保护个人、组织的合法权益，维护国家主权、安全和发展利益。结合第二章“数据安全与发展”的内容，二者均充分说明，在数据安全基础之上的数据利用，重要意义在于促进数字经济的发展，通过保障数据自由流动、推进数据基础设施建设、鼓励支持数据创新应用等具体内容，达到促进数字经济发展、增进人民福祉的目的。

对数据安全和发展关系的正确认知，于二者自身而言都具有重要意义。过分强调数据安全将阻碍对数据价值的合理利用，降低数据的作用与功能发挥。而一味追求数据的发展利益则会诱发对数据的不当甚至违法使用，损害数据主体权益。

《数据安全法》第十三条规定，坚持维护数据安全和促进数据开发利用并重，以数据开发利用和产业发展促进数据安全，以数据安全保障数据开发利用和产业发展。由此可见，《数据安全法》追求的是数据安全和开发利用并重的立法目的，在二者动态平衡与协同发展的辩证关系下，保障数据安全治理和数据开发利用。

《数据安全法》相关法条二

第十四条 国家实施大数据战略，推进数据基础设施建设，鼓励和支持数据在各行业、各领域的创新应用。

省级以上人民政府应当将数字经济发展纳入本级国民经济和社会发展规划，并根据需要制定数字经济发展规划。

参考案例二

2015 年 8 月，《国务院关于印发促进大数据发展行动纲要的通知》（国发〔2015〕50 号），明确了发展大数据的指导思想、发展目标和发展任务，为未来我国大数据发展与应用指明了方向。

2015 年 10 月出台《中共中央关于制定国民经济和社会发展第十三个五年规划的建议》，提出“实施国家大数据战略，推进数据资源开放共享”。

2017 年 12 月 8 日，中共中央政治局就实施国家大数据战略进行第二次集体学习。

中共中央总书记习近平在主持学习时强调，大数据发展日新月异，我们应该审时度势、精心谋划、超前布局、力争主动，深入了解大数据发展现状和趋势及其对经济社会发展的影响，分析我国大数据发展取得的成绩和存在的问题，推动实施国家大数据战略，加快完善数字基础设施，推进数据资源整合和开放共享，保障数据安全，加快建设数字中国，更好服务我国经济社会发展和人民生活改善。

2018 年 5 月 26 日，中国国际大数据产业博览会在贵州省贵阳市开幕，中共中央总书记、国家主席、中央军委主席习近平向会议致贺信。

习近平指出，当前，以互联网、大数据、人工智能为代表的新一代信息技术日新月异，给各国经济社会发展、国家管理、社会治理、人民生活带来重大而深远的影响。把握好大数据发展的重要机遇，促进大数据产业健康发展，处理好数据安全、网络空间治理等方面的挑战，需要各国加强交流互鉴、深化沟通合作。

习近平强调，中国高度重视大数据发展。我们秉持创新、协调、绿色、开放、共享的发展理念，围绕建设网络强国、数字中国、智慧社会，全面实施国家大数据战略，助力中国经济从高速增长转向高质量发展。希望各位代表和嘉宾围绕“数化万物·智在融合”的博览会主题，深入交流，集思广益，共同推动大数据产业创新发展，共创智慧生活，造福世界各国人民，共同推动构建人类命运共同体。

在国家战略的引领下，20 多个省市已经发布了促进大数据发展的政策文件。

2021 年 7 月，浙江省人民政府办公厅发布《浙江省数字经济发展“十四五”规划》（以下简称《规划》）。

《规划》指出，到 2025 年，数字经济发展水平稳居全国前列、达到世界先进水平，数字经济增加值占 GDP 的比重达到 60%左右，高水平建设国家数字经济创发展试验区，加快建成“三区三中心”，成为展示“重要窗口”的重大标志性成果。到 2035 年，全面进入繁荣成熟的数字经济时代，综合发展水平稳居世界前列。数字产业竞争力全球领先，数字赋能产业发展全面变革，数据要素价值充分释放，全面形成以数字经济为核心的现代化经济体系，高水平建成网络强省和数字浙江，成为全球数字技术创新、产业创新、制度创新、理念创新重要策源地，为基本实现共同富裕和高水平现代化提供强大支撑。

解读分析二

2013 年 7 月 17 日，习近平总书记到中国科学院视察工作并发表了重要讲话。习近平总书记在讲话中指出，浩瀚的数据海洋就如同工业社会的石油资源，蕴含着巨大生产力和商机，谁掌握了大数据技术，谁就掌握了发展的资源和主动权。习近平总书记的重要讲话深刻揭示了大数据对当今世界发展的重大战略意义，具有很强的战略性和前瞻性，对中国加快发展大数据具有重大指导意义。

大数据已成为信息主权的一种表现形式，将是继边防、海防、空防之后大国博弈的另一个空间。大数据正在改变人类生活和对世界的深层理解。实施国家大数据战略，旨在全面推进我国大数据发展和应用，加快建设数据强国，推动数据资源开放共享，释放技术红利、制度红利和创新红利，促进经济转型升级。推动实施国家大数据战略，有利于加快完善我国数字基础设施，有利于推进数据资源整合和开放共享，有利于保障我国数据安全，更好服务我国经济社会发展和改善人民生活。

推动实施国家大数据战略，一是要推动大数据技术产业创新发展，二是要构建以数据为关键要素的数字经济，三是要运用大数据提升国家现代化治理水平，四是要运用大数据保障和改善民生，五是要切实保障国家数据安全。

数据基础设施应具备以下五个特征：融合、协同、智能、安全、开放，以帮助企业实现存储智能化、管理简单化和数据价值最大化。

1. “融合”数据基础设施包含五个层面的融合

异构算力融合：支持以 GPU、FPGA 和 ARM 为代表的异构计算，即从单一算力到多样性算力，匹配多样性数据，为中心、云和边缘提供更高性能的计算资源，使数据基础设施的应用更高效运行。

存算融合：将一些数据直接在存储控制器中的盘内进行处理，将计算出来的有效数据返回给计算层，这样可以最大限度地减少在存储层和计算层之间移动的数据量，提升计算效率。

数据库存储融合：采用计算－存储分离部署的架构，数据库计算和存储资源可以灵活配置，根据业务需要各自独立进行弹性扩展，使得资源匹配更精准、更合理，大幅提升资源利用率。

协议融合：支持多种应用和数据源的接入，并通过开放式数据接入框架，灵活扩展接入第三方数据源。

格式融合：为上层应用和客户端提供工业界标准接口，能够支持多种服务，如块存储服务、文件存储服务、对象存储服务和大数据存储服务。消除传统数据基础设施中多类型存储系统烟囱式构建而形成的应用孤岛。实现一份数据同时满足数据库、大数据、人工智能等多种业务的分析需求。

2. "协同"数据基础设施包含六个协同场景

跨数据源协同分析：实现分散在多个数据源的多张数据表进行交叉分析，如常见的数据源 Hive、SparkSQL、MPPDB、Oracle、ES、HBase、MySQL 等。

跨域协同分析：实现分散在异地数据中心的多张数据表进行碰撞分析。可以像访问本地数据表一样访问异地数据表，并可以将分散在多地的数据表进行碰撞操作。

云边协同分析：实现云侧和边侧之间特殊的跨源、跨域协同分析。

异地数据即时访问：只要数据进入一个数据中心，通过协同分析联网的其他数据中心就可以马上访问这部分数据，而不需要等待数据复制到本地。

统一访问接口：协同分析对外提供 SQL 或命令行等统一的查询接口，降低开发人员的学习门槛。开发人员不需关心数据的存储位置，只需要像处理本地数据一样提交处理任务。

跨域计算能力共享：同一个企业组织的多个数据中心分布在不同地域，不同地域之间的计算资源利用往往不平衡，通过协同分析的任务分发和调度能力，可以实现跨域的计算能力共享，提升整体资源利用率。其中涉及的关键技术包括：智能算子下推、计算任务下推、跨域高速数据传输等。

3. “智能”数据基础设施是一个跨学科的研究领域

“智能”数据基础设施结合大规模数据处理、数据挖掘、机器学习、人机交互、可视化等多种技术，从数据中提炼、发掘、获取有揭示性和可操作性的信息，使数据“智能”，为人们在基于数据制定决策或执行任务时提供有效的智能支持。数据智能的标志是数据驱动决策，让机器具备推理等认知能力，大数据能够指导决策。同时完成业务数据化的进程，开始进入到业务智能化，依靠数据去改变业务。智能的数据基础设施应该在每个环节都能够提供智能化的能力支撑。其中，智能数据治理是关键环节之一。数据治理需要人工流程保障一系列数据规范、标准的贯彻执行。而智能化的数据治理能够让数据规范和标准保障自动判断、自动完成，减少对人工审核的依赖；数据治理需要大量数据专家理解数据，理解业务，构建数据安全和数据质量体系，基于人工智能的数据治理平台通过算法理解数据和业务，对不同的数据自动采取相应的安全分类和质量保障体系，降低对专家的依赖。数据治理的智能化可以降低客户数据治理方案的总体成本，缩短上线周期，减少对人的依赖。

4. “安全”数据基础设施承载着海量的数据

“安全”数据基础设施包括业务的核心数据和隐私数据。这些数据支撑着企业的所有业务和运营，关系着企业的生命线。需要构建全方位的数据安全体系，帮助企业实现数据全生命周期过程中的数据不丢失、不泄露、不被篡改、业务永久在线、可追溯和隐私合规。

数据基础设施应具备平台安全、数据安全、隐私合规三个层面的全方位的安全技术体系。

平台安全即系统自身的安全和防攻击性，是安全防护体系的基石，需要从产品的需求、设计、开发、测试、交付和运维的整个生命周期进行管控，确保系统具备预期交付承诺的安全能力，满足交付质量的要求。

数据安全是指基础设施为支撑数据存储、传输、处理等全生命周期过程提供的数据安全保护能力，如数据加密、数据隔离、访问控制、完整性校验等。在数据融合背景下，由于缺乏有效的安全访问控制，不同网络融合、各种数据汇集，数据泄露及滥用风险成为主要矛盾之一。

隐私合规是指基础设施为保障数据存储、移动、再利用等过程中的合规而提供的能力，如数据脱敏、违规分析、密文搜索、同态加密等。

5. “开放”的数据基础设施需要包容开放的技术和产业生态

数据产业是一个有众多细分领域、众多参与者的产业，需要数据、产品和服务间的紧密协同。而数据基础设施作为其中的关键支撑环节，涉及硬件产业、软件产业，以及各类开源技术、闭源技术等，这就决定了数据基础设施具有生态复杂性，需要很强的生态协同能力，并通过技术和产业的开放性来吸引更多的参与者以保持生态的活力。构建“平台+生态”的数据基础设施新模式，需要产业各环节的协同操作，包括基础设施和应用服务间的协作、同类型供应商之间的协作、上下游供应商之间的协作、甚至内部产品之间的协作，使产业链上下游实现高效率、低成本的多赢局面。制定公平、透明规则，建立生态信任体系与建立价值分享模式是实现产业生态开放与协同的两项重点内容。

《数据安全法》相关法条三

第十五条 国家支持开发利用数据提升公共服务的智能化水平。提供智能化公共服务，应当充分考虑老年人、残疾人的需求，避免对老年人、残疾人的日常生活造成障碍。

参考案例三

公共服务的智能化水平是数据开发利用中的重要应用场景。我国政府正开始将自动化技术（如机器流程自动化和认知技术）应用于公共服务的全生命周期内，以期减少工作人员的行政负担，解决长时间等待等问题，并根据风险重新对案件进行分类，让工作人员有更多时间解决更复杂的问题（如图 5-2 所示）。

图 5-2　公共服务的智能化

在现代化城市体征评价指标体系的指引下，XX 云支持打造城市体征平台，该平台在云安全、大数据等可靠的技术支撑下，全方位覆盖互联网数据的主题场景，连接 G、B、C 三端用户，为城市输出直观的市情报告。该平台包括主题场景、主题库、城市体检、智能建模、差距分析、人工智能分析、指标管理、任务管理、报告中心九大功能板块，覆盖日常监测、评估评价、决策支撑三大应用场景，助力城市运行全方位监测、全维度研判，真正做到“眼中有图、决策有谱、管理有术”。

解读分析三

高质量的公共服务是国家治理体系和治理能力现代化的重要体现。党的十九届五中全会提出：“加强数字社会、数字政府建设，提升公共服务、社会治理等数字化智能化水平。”这为公共服务高质量发展指明了方向。实践中，需要深入贯彻落实党的十九届五中全会决策部署，有效利用云计算、区块链、大数据、人工智能等数字技术，提升公共服务的质量、水平和效能，推动公共服务高质量发展。

通过数字技术赋能公共服务，可有效提高数据资源的利用效率，推动公共服务高质量发展。在数字技术推动下，政府可以跨部门、跨层级进行数据信息识别、分析、预判，并以此为基础精准施策，既能提高公共服务支出的公平性和效率，又能有效促进政府各部门的决策沟通和协同互动，提升公共服务供给的质量和效率。同时，运用数字技术不仅有利于拓展社会主体、市场主体参与公共服务供给的渠道，也能有效减少因信息不对称降低公共服务效率。

实践中，基于物联网和大数据技术搭建的远程医疗服务、教育资源公共服务平台等，既能有效扩大高质量公共服务的辐射范围，又能打破地区间、城乡间因经济发展水平和治理资源差异而产生的公共服务获得性壁垒，实现跨区域、跨城乡公共服务的合作与共享。“十三五”时期，我国在利用数字技术提升公共服务质量上已取得了显著成效，增强了人民群众的获得感、幸福感、安全感。

另外，信息化社会带来的“数字鸿沟”问题，给很多老年人带来不便和困扰。我国自2000年进入“老年社会”以来，老龄化速度明显加快，“老年社会”的深度发展决定了推进无障碍环境建设不仅是数以千万计的残疾人的现实需要，也是数以亿计的老年人的现实需要。

《中华人民共和国国民经济和社会发展第十三个五年规划纲要》的“第六十六章　保障妇女未成年人和残疾人基本权益”的“第三节　提升残疾人服务保障水平”中明确：

> 支持残疾人事业发展，建立健全残疾人基本福利制度，实现残疾人基本民生兜底保障。完善重度残疾人医疗报销制度。优先保障残疾人基本住房。完善残疾人就业创业扶持政策，健全公共机构为残疾人提供就业岗位制度。加强残疾人康复和托养设施建设，鼓励社会力量提供服务。加强残疾人无障碍设施建设和维护。实施0～6岁残疾儿童康复、贫困残疾人基本型辅助器具适配等重点康复工程。建设康复大学，培养康复专业技术人才。

这为我国无障碍环境建设提供了基本依据和规划保障。

同时，现行行政法规《无障碍环境建设条例》（2012年8月1日起施行）为专门立法奠定了较好的基础。基于我国现状及整体规划，《数据安全法》在第十五条中聚焦老年人、残疾人，提出了需要充分考虑这部分群体的需求，避免给其日常生活造成障碍。

《数据安全法》相关法条四

第十六条　国家支持数据开发利用和数据安全技术研究，鼓励数据开发利用和数据安全等领域的技术推广和商业创新，培育、发展数据开发利用和数据安全产品、产业体系。

参考案例四

某安全公司发布了《拥抱合规、超越合规：数据安全前沿技术研究报告》，选取了当时最前沿和创新性的十种数据安全技术（如图 5-3 所示），对其技术原理与应用进行全面的梳理与分析，包括处于学术前沿的差分隐私、同态加密、数据匿名等。

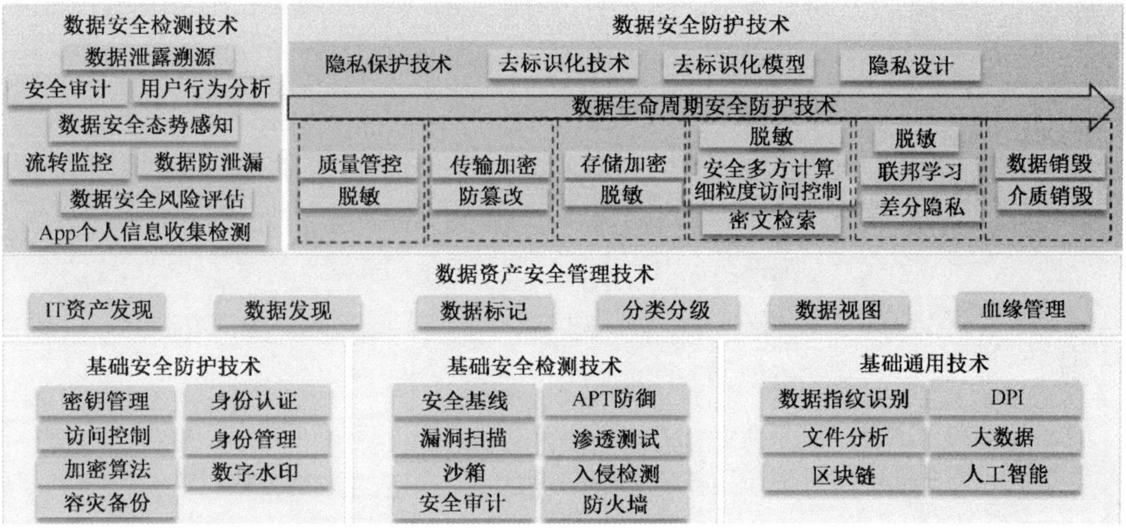

图 5-3　数据安全技术

差分隐私：一种基于噪声机制的隐私保护技术。在本地差分隐私模式下，每个用户终端都会运行一个差分隐私算法，每个终端采集的数据都会加入噪声，然后将其上传给服务器。服务器虽然无法获得某一个用户的精确数据，但通过聚合与转换可以挖掘出用户群体的行为趋势。

知识图谱：最早用于搜索引擎和社交网络，可以简单看成一种基于图的数据结构，由节点和边组成，每个节点是一个实体，每条边是两条实体之间的关系。由于个人数据治理关键是个人数据实体识别，以及相关属性与处理流程的关联，因此引入知识图谱技术成为必然。知识图谱技术可以帮助企业了解所在敏感数据的位置，是如何被使用的，以及它的合同、法律和监管义务，达到个人信息治理与可视化的作用。

流程自动化技术：帮助企业的数据安全运营团队从烦琐重复的手工处理“请求 - 响应”转为自动化处理，一方面可降低人工的运营成本，另一方面可减少由于响应时间延误（GDPR 规定一般为一个月）带来的违规风险。

智能敏感数据识别：传统的基于关键词、正则匹配的敏感数据识别方法不够智能，易出现漏检（尤其是在文档等数据）。引入相似度计算、聚类、监督学习等智能方法，可提升识别能力与检测效果。

数据脱敏：在企业中广泛应用，然而不同脱敏方法的安全效果不同。通过对脱敏数据集的身份标识度和隐私泄露风险进行定量地评估与刻画，可以实现风险管理和控制。

用户行为分析：通过对用户实体持续的画像与建模，建立正常用户行为基线，从海量收集的安全数据中发现数据泄露等异常行为。

数据匿名：对个人信息进行泛化和屏蔽等处理，使得对应的个人信息主体无法被识别，以达到“匿名”的效果，包括 *K*-匿名、*L*-多样性和 *T*-近似性等技术。

同态加密：明文数据经过同态加密后得到的密文数据，在不解密情况下仍可执行密文数据的处理与操作。敏感数据在同态加密与计算环节处于加密状态，实现了数据的计算，同时保障了安全性。

安全多方计算：指在参与方互不信任的情况下进行协同计算，在保证计算结果正确性同时，不泄露任何一方输入的原始数据和状态数据。

联邦学习：指多个参与方（如企业、用户移动设备）在不交换原始数据情况下，即在隐私保护前提下，实现联合机器学习的建模、训练和模型部署。

数字人民币的研发

2014 年至 2016 年，人民银行成立法定数字货币研究小组，启动法定数字货币相关研究工作。研究小组对法定数字货币发行和业务运行框架、关键技术、流通环境、国际经验等进行了深入研究，形成了第一阶段法定数字货币理论成果。

2016 年，中国人民银行搭建了中国第一代法定数字货币概念原型，成立数字货币研究所。

2017 年年底，经国务院批准，中国人民银行开始数字人民币研发工作，并依据资产规模和市场份额居前、技术开发力量较强等标准，选择大型商业银行、电信运营商、互联网企业作为参与研发机构。

2019 年年底以来，中国人民银行遵循稳步、安全、可控、创新、实用的原则，在深圳、苏州、雄安、成都及 2022 北京冬奥会场景开展数字人民币试点测试，以检验理论可靠性、系统稳定性、功能可用性、流程便捷性、场景适用性和风险可控性。

2020 年 11 月开始，增加上海、海南、长沙、西安、青岛、大连 6 个新的试点地区。截至 2021 年 6 月 30 日，数字人民币试点场景已超 132 万个，覆盖生活缴费、餐饮服务、交通出行、购物消费、政务服务等领域；开立个人钱包 2087 万余个、对公钱包 351 万余个，累计交易笔数 7075 万余笔、金额约 345 亿元。

解读分析四

《数据安全法》第十三条提及了数据开发利用和产业发展与数据安全的关系，除了数据开发利用，进一步强调了数据安全技术研究，鼓励该领域的技术推广和商业创新，培育、发展该领域的产品、产业体系。这对于不少从事数据安全技术研究的企业是一个利好消息，同时，对于大量从事数据开发利用的企业而言，在加强安全技术的基础上也可以获得法律和政策的支持。

数据安全技术的研究涉及的是大量新技术在数据安全领域的应用，整体来说包括三方面：一是利用区块链应用等技术保障数据整体的安全，不会被他人非法获取；二是各类新技术对于数据个人信息及隐私等方面内容的保护，如通过各种技术手段，实现脱敏、去标签、匿名化等，使得数据形式和内容发生变化，即使获取也无法被非法利用；三是对部分缺失不完整数据进行清洗、加工、恢复，使得数据能够重新复原，以发挥作用。

无论是哪种数据安全技术的研发和利用，都需要在法律的框架下实施，离开了法律的规制，数据安全技术就可能失去方向和控制，甚至可能沦为犯罪分子的犯罪工具。因为我们始终认为，技术是中立的，可以造福人类，也可能为害一方。不少白帽子（正面的黑客）或者网络安全人员此前的身份很可能是人人喊打的黑客，而后金盘洗手、回头是岸。这也充分说明在数据安全领域只要能够进行有效规制，就能够产生积极的效果，如果未采取有效法律措施，将产生危害社会和民众的后果。

随着数据安全技术的技术推广和商业创新活动，在国家政策鼓励和支持下，也将成为一个新的蓝海市场，进而形成一个产业体系，反向对数据的开发利用起到促进和推动的作用。

《数据安全法》相关法条五

第十七条 国家推进数据开发利用技术和数据安全标准体系建设。国务院标准化行政主管部门和国务院有关部门根据各自的职责，组织制定并适时修订有关数据开发利用技术、产品和数据安全相关标准。国家支持企业、社会团体和教育、科研机构等参与标准制定。

参考案例五

2020 年 4 月 10 日，工业和信息化部科技司发布了《公开征求对<网络数据安全标准体系建设指南>（征求意见稿）的意见》，提出为落实《中华人民共和国网络安全法》《全国人民代表大会常务委员会关于加强网络信息保护的决定》《电信和互联网用户个人信息保护规定》等法律法规要求，有效提升电信和互联网行业网络数据安全保护能力，充分发挥标准在保障网络数据安全、推动行业健康有序发展中的引领和支撑作用，助力数字经济高质量发展，有关单位编制完成了《网络数据安全标准体系建设指南》（征求意见稿）（以下简称《建设指南》（征求意见稿））及编制说明。

《建设指南》（征求意见稿）指出，到 2021 年，初步建立网络数据安全标准体系，有效落实网络数据安全管理要求，基本满足行业网络数据安全保护需要，推进网络数据安全标准在重点企业、重点领域中的应用，研制网络数据安全行业标准 20 项以上。到 2023 年，健全完善网络数据安全标准体系，标准技术水平、应用水平和国际化水平显著提高，有力提升行业网络数据安全保护能力，研制网络数据安全行业标准 50 项以上。

《建设指南》（征求意见稿）包括建设思路及目标、建设内容、组织实施三部分。

一是建设思路及目标。明确了标准体系建设的总体思路、基本原则、建设目标。

二是建设内容。提出了网络数据安全标准体系框架、重点标准化领域及方向，具体为基础共性、关键技术、安全管理、重点领域四大类标准。其中，基础共性标准包括术语定义、数据安全框架、数据分类分级，可为各类标准制定提供基础性支撑。关键技术标准从数据采集、传输、存储、处理、交换、销毁等数据全生命周期维度对数据安全技术进行规范。安全管理标准从网络数据安全框架的管理视角出发，指导行业有效落实相关法律法规对网络数据安全管理的要求，包括数据安全规范、数据安全评估、监测预警与处置、应急响应与灾难备份、安全能力认证等标准。重点领域标准结合相关领域的实际情况和数据安全保护的具体要求，指导行业有效开展重要领域网络数据安全保护工作。

三是组织实施。通过实施动态更新、推进标准研制、加强宣贯实施、加强国际合作四方面工作，为做好网络数据安全标准化工作提供坚实保障。

此外，《建设指南》（征求意见稿）还对术语定义和已发布、制定中、拟制定的网络数据安全相关标准进行了梳理，如表 5-1 所示。

表 5-1　网络数据安全相关标准项目明细表

序号	标准名称	标准号/计划号	所属组织	状态
	基础共性			
	术语定义			
1.	《信息安全技术 术语》		SAC/TC260	报批稿
2.	《电信数据服务平台 第 2 部分：术语及参考模型》	2018—2321T-YD	CCSA	征求意见稿
	数据安全框架			
3.	《信息安全技术 大数据安全参考框架》		SAC/TC260	研究项目
4.	《信息技术 安全技术 隐私保护框架》		SAC/TC260	研究项目
	数据分类分级			
5.	《信息安全技术 数据安全分类分级实施指南》		SAC/TC260	研究项目
6.	《电信和互联网服务 用户个人信息保护 定义及分类》	YD/T 2781—2014	CCSA	已发布
7.	《电信和互联网服务 用户个人信息保护 分级指南》	YD/T 2782—2014	CCSA	已发布
8.	《电信运营商 大数据安全管控分类分级技术要求》	2018—0162T-YD	CCSA	征求意见稿
9.	《基础电信企业数据分类分级方法》	2019—0216T-YD	CCSA	征求意见稿
10.	《电信和互联网物联网业务数据分类分级方法》		CCSA	拟制定
	关键技术			
	数据采集			
11.	《使用 cookie 进行互联网数据采集的安全性要求》	2013—2498T-YD	CCSA	报批稿
12.	《公共安全大数据 数据采集与预处理》	2019—CCSA-08	CCSA	草案
	数据传输			
13.	《信息安全技术 电子文档加密与签名消息语法》	GB/T 31503—2015	SAC/TC260	已发布
14.	《信息安全技术 XML 数字签名语法与处理规范》		SAC/TC260	征求意见稿
	数据存储			
15.	《信息安全技术 信息系统安全审计产品技术要求和测试评价方法》	GB/T 20945—2013	SAC/TC260	已发布
16.	《信息安全技术 网络存储安全技术要求》		SAC/TC260	报批稿
17.	《信息安全技术 数据库管理系统安全技术要求》		SAC/TC260	报批稿
18.	《通信存储介质（SSD）加密安全技术要求》	YD/T 2390—2011	CCSA	已发布
19.	《电信网数据泄露防护系统（DLP）技术要求》	2018—1785T-YD	CCSA	报批稿
20.	《大数据环境下数据库审计系统技术要求》	2019—0743T-YD	CCSA	草案
21.	《电信网和互联网数据安全日志审计规范》		CCSA	拟制定
22.	《电信网和互联网数据生命周期日志通用要求》		CCSA	拟制定
	数据处理			
23.	《信息安全技术 个人信息去标识化指南》	GB/T 37964—2019	SAC/TC260	报批稿
24.	《电信大数据平台数据脱敏实施方法》	2019—0215T-YD	CCSA	报批稿
25.	《面向互联网应用的健康医疗数据应用脱敏技术要求》	2019—0302T-YD	CCSA	报批稿
26.	《信息安全技术 个人信息去标识化效果分级评估规范》		SAC/TC260	征求意见稿

续表

序号	标准名称	标准号/计划号	所属组织	状态
数据交换				
27.	《信息安全技术 数据交易服务安全要求》	GB/T 37932—2019	SAC/TC260	报批稿
28.	《信息安全技术 政务信息共享 数据安全技术要求》		SAC/TC260	征求意见稿
29.	《互联网基础资源支撑系统信息数据共享接口技术要求》	2018—0180T-YD	CCSA	报批稿
30.	《通信行业数据开放共享安全管理要求》	2017—0302T-YD	CCSA	草案
31.	《网络环境下应用数据流通安全要求》	2019—0742T-YD	CCSA	草案
32.	《数据安全流通平台技术要求》		CCSA	拟制定
数据销毁				
安全管理				
数据安全规范				
33.	《信息安全技术 公共及商用服务信息系统个人信息保护指南》	GB/Z 28828—2012	SAC/TC260	已发布
34.	《信息安全技术 个人信息安全规范》	GB/T 35273—2020	SAC/TC260	正式稿
35.	《信息安全技术 个人信息工程指南》		SAC/TC260	征求意见稿
36.	《信息安全技术 个人信息告知同意指南》		SAC/TC260	征求意见稿
37.	《信息安全技术 数据安全基本要求》		SAC/TC260	征求意见稿
38.	《信息安全技术 移动互联网应用（App）收集个人信息基本规范》		SAC/TC260	草案
39.	《信息安全技术 个人可识别信息（PII）处理者在公有云中保护 PII 的实践指南》		SAC/TC260	草案
40.	《电信网和互联网用户个人电子信息保护通用技术要求和管理要求》	2018—1784T-YD	CCSA	送审稿
41.	《基础电信企业重要数据识别指南》	2019—0217T-YD	CCSA	草案
42.	《电信和互联网服务 用户个人信息保护技术要求》	20173806-T-339	CCSA	草案
43.	《电信和互联网服务 用户个人信息保护技术要求 电子商务服务》	YD/T 3105—2016	CCSA	已发布
44.	《电信和互联网服务 用户个人信息保护技术要求 移动应用商店》	YD/T 3106—2016	CCSA	已发布
45.	《电信和互联网服务 用户个人信息保护技术要求 即时通信服务》	YD/T 3327—2018	CCSA	已发布
46.	《电信和互联网服务 用户个人信息保护技术要求 基础电信服务》	2018—1688T-YD	CCSA	草案
47.	《电信和互联网服务 用户个人信息保护技术要求 出行服务》	2018—1687T-YD	CCSA	草案
48.	《信息安全技术 即时通信服务数据安全指南》		SAC/TC260	征求意见稿
49.	《信息安全技术 快递物流服务数据安全指南》		SAC/TC260	征求意见稿
50.	《信息安全技术 网上购物服务数据安全指南》		SAC/TC260	征求意见稿
51.	《信息安全技术 网络支付服务数据安全指南》		SAC/TC260	征求意见稿
52.	《信息安全技术 网络音视频服务数据安全指南》		SAC/TC260	征求意见稿
53.	《信息安全技术 人脸识别数据安全要求》		SAC/TC260	征求意见稿
54.	《信息安全技术 步态识别数据安全要求》		SAC/TC260	征求意见稿
55.	《信息安全技术 声纹识别数据安全要求》		SAC/TC260	征求意见稿
56.	《信息安全技术 基因识别数据安全要求》		SAC/TC260	征求意见稿
57.	《信息技术 安全技术 信息安全管理体系 指南》		SAC/TC260	征求意见稿
58.	《信息安全技术 网络数据处理安全规范》		SAC/TC260	征求意见稿

续表

序号	标准名称	标准号/计划号	所属组织	状态
	数据安全评估			
59.	《信息安全技术 数据库管理系统安全评估准则》		SAC/TC260	报批稿
60.	《信息安全技术 数据出境安全评估指南》		SAC/TC260	送审稿
61.	《信息安全技术 个人信息安全影响评估指南》		SAC/TC260	报批稿
62.	《信息安全技术 大数据业务安全风险控制实施指南》		SAC/TC260	研究项目
63.	《互联网新技术新业务安全评估要求 大数据技术应用与服务》	2017—0298T-YD	CCSA	报批稿
64.	《电信和互联网数据安全风险评估实施方法》	2018—1669T-YD	CCSA	报批稿
65.	《电信网和互联网数据安全要求》	2019—0218T-YD	CCSA	送审稿
66.	《电信网和互联网数据安全评估规范》	2019—0219T-YD	CCSA	征求意见稿
67.	《电信网和互联网数据安全评估实施技术要求》	2019—0220T-YD	CCSA	征求意见稿
68.	《电信网和互联网数据安全评估服务机构能力认定准则》		CCSA	拟制定
	监测预警与处置			
69.	《网络安全威胁数据报送接口要求》	2016—1069T-YD	CCSA	报批稿
	应急响应与灾难备份			
70.	《信息安全技术 灾难恢复服务要求》	GB/T 36957—2018	SAC/TC260	已发布
71.	《信息安全技术 存储介质数据恢复服务要求》	GB/T 31500—2015	SAC/TC260	已发布
72.	《第三方灾备数据交换技术要求》	YD/T 2393—2011	CCSA	已发布
73.	《电信网和互联网灾难备份及恢复实施指南》	2017—1024T-YD	CCSA	草案
74.	《电信和互联网数据安全事件应急响应实施指南》		CCSA	拟制定
75.	《信息安全技术 信息安全事件分类分级指南》		SAC/TC260	征求意见稿
	安全能力认证			
76.	《信息安全技术 大数据服务安全能力要求》	GB/T 35274—2017	SAC/TC260	已发布
77.	《信息安全技术 灾难恢复服务能力评估准则》	GB/T 37046—2018	SAC/TC260	已发布
78.	《信息安全技术 数据备份与恢复产品技术要求与测试评价方法》	GB/T 29765—2013	SAC/TC260	已发布
79.	《信息安全技术 数据安全能力成熟度模型》	GB/T 37988—2019	SAC/TC260	报批稿
80.	《信息安全技术 数据安全管理认证规范》		SAC/TC260	草案
81.	《面向互联网的数据安全能力技术框架》	YD/T 3644—2020	CCSA	已发布
82.	《电信网和互联网第三方安全服务能力评定准则》	2018—1783T-YD	CCSA	草案
83.	《信息安全技术 信息系统安全保障评估框架 第1部分：简介和一般模型》		SAC/TC260	征求意见稿
	重点领域			
	5G			
84.	《5G移动通信网 安全技术要求》	2018—2367T-YD	CCSA	报批稿
85.	《5G数据安全总体技术要求》		CCSA	拟制定
	移动互联网			
86.	《信息安全技术 移动智能终端数据存储安全技术要求与测试评价方法》	GB/T 34977—2017	SAC/TC260	已发布

续表

序号	标准名称	标准号/计划号	所属组织	状态
87.	《信息安全技术　移动智能终端个人信息保护技术要求》	GB/T 34978—2017	SAC/TC260	已发布
88.	《信息安全技术　移动互联网安全审计产品技术要求》		SAC/TC260	征求意见稿
89.	《移动互联网环境下个人信息共享技术导则》	YD/T 3411—2018	CCSA	已发布
90.	《移动浏览器个人信息保护技术要求》	YD/T 3367—2018	CCSA	已发布
91.	《移动智能终端上的个人信息保护技术要求》	YD/T 3082—2016	CCSA	已发布
92.	《移动互联网环境下个人数据共享评估和测试方法》	2016—1933T-YD	CCSA	报批稿
93.	《移动应用软件个人信息保护要求和评估方法》	2019—1132T-YD	CCSA	征求意见稿
94.	《移动应用软件 SDK 安全技术要求和测试方法》		CCSA	拟制定
95.	《移动应用软件 SDK 安全指南》		CCSA	拟制定
96.	《移动应用商店数据安全要求》		CCSA	拟制定
97.	《信息安全技术　移动互联网应用程序（App）SDK 安全指南》		SAC/TC260	征求意见稿
98.	《信息安全技术 移动互联网应用程序（App）个人信息安全测评规范》		SAC/TC260	征求意见稿
99.	《网络安全标准实践指南—移动互联网应用程序（App）收集使用个人信息自评估指南》	TC260-PG-20202A	SAC/TC260	已发布
	车联网			
100.	《车联网信息服务　数据安全技术要求》	2017—0926T-YD	CCSA	报批稿
101.	《车联网信息服务　用户个人信息保护要求》	2017—0959T-YD	CCSA	送审稿
102.	《基于移动互联网的汽车用户数据应用与保护技术要求》	2018—0182T-YD	CCSA	征求意见稿
103.	《基于移动互联网的汽车用户数据应用与保护评估方法》	2018—0183T-YD	CCSA	草案
104.	《网络预约出租汽车服务平台数据安全防护要求》	2017—0938T-YD	CCSA	草案
105.	《信息安全技术　网络预约汽车服务数据安全指南》		SAC/TC260	征求意见稿
	物联网			
106.	《信息安全技术　物联网数据传输安全技术要求》	GB/T 37025—2018	SAC/TC260	已发布
107.	《基于区块链的物联网数据交换与共享技术分析》	2017B73	CCSA	报批稿
108.	《基于区块链的安全可信物联网数据通信架构》	2018—2359T-YD	CCSA	草案
109.	《信息安全技术 区块链信息服务安全规范》		SAC/TC260	征求意见稿
	工业互联网			
110.	《信息安全技术　工业控制系统信息安全分级规范》	GB/T 36324—2018	SAC/TC260	已发布
111.	《信息安全技术　工业控制系统网络审计产品安全技术要求》		SAC/TC260	报批稿
112.	《工业互联网数据安全保护要求》	2018—1369T-YD	CCSA	征求意见稿
113.	《工业互联网安全能力成熟度评估规范》	2018—1395T-YD	CCSA	征求意见稿
	云计算			
114.	《信息安全技术　政府网站云计算服务安全指南》	GB/T 38249—2019	SAC/TC 260	已发布
115.	《信息安全技术　云计算安全参考架构》	GB/T 35279—2017	SAC/TC 260	已发布
116.	《信息安全技术　云计算服务安全能力评估方法》	GB/T 34942—2017	SAC/TC 260	已发布
117.	《信息安全技术　云计算服务安全指南》	GB/T 31167—2014	SAC/TC 260	已发布

续表

序号	标准名称	标准号/计划号	所属组织	状态
118.	《信息安全技术　云计算服务安全能力要求》	GB/T 31168—2014	SAC/TC 260	已发布
119.	《云计算安全框架》	YD/T 3148—2016	CCSA	已发布
120.	《公有云服务安全防护要求》	YD/T 3157—2016	CCSA	已发布
121.	《公有云服务安全防护检测要求》	YD/T 3158—2016	CCSA	已发布
122.	《面向云服务的数据安全标记规范》	YD/T 3470—2019	CCSA	已发布
123.	《云服务用户数据保护能力参考框架》	2018—1796T-YD	CCSA	报批稿
124.	《云服务用户数据保护能力评估方法 第 1 部分：公有云》	2018—1797T-YD	CCSA	报批稿
125.	《云服务用户数据保护能力评估方法 第 2 部分：私有云》	2019—0209T-YD	CCSA	报批稿
126.	《电信和互联网云服务业务数据分类分级方法》		CCSA	拟制定
大数据				
127.	《信息安全技术 大数据安全管理指南》	GB/T 37973—2019	SAC/TC260	报批稿
128.	《信息安全技术 电信领域大数据安全防护实现指南》		SAC/TC260	草案
129.	《大数据平台安全管理产品安全技术要求研究》		SAC/TC260	研究项目
130.	《电信运营商的大数据应用业务安全技术要求》	YD/T 3472—2019	CCSA	已发布
131.	《电信和互联网大数据平台安全防护要求》	2017—0929T-YD	CCSA	报批稿
132.	《电信和互联网大数据平台安全防护检测要求》	2018—1782T-YD	CCSA	报批稿
133.	《大数据处理平台安全基线要求 应用及基础设施平台》	2017—0297T-YD	CCSA	征求意见稿
134.	《电信网和互联网数据资产梳理规范》		CCSA	拟制定
135.	《信息安全技术 电信领域大数据安全防护实现指南》		SAC/TC260	征求意见稿
136.	《公共安全大数据 第 3 部分：安全》	2019—CCSA-07	CCSA	已发布
人工智能				
137.	《移动智能终端人工智能应用的个人信息保护技术要求及评估方法》	2019—0745T-YD	CCSA	草案
138.	《人工智能服务平台数据安全要求和评估方法》	2019—0031T-YD	CCSA	草案
区块链				
139.	《区块链开发平台网络与数据安全技术要求》	2017—1054T-YD	CCSA	报批稿
140.	《基于区块链的边缘云网络数据共享机制研究》	2019B62	CCSA	草案
141.	《金融交易中的区块链智能合约与分布式账本安全技术研究》	2019B32	CCSA	草案

2002 年 4 月 15 日，经国家标准化管理委员会批准，全国信息安全标准化技术委员会（简称信息安全标委会，TC260）在北京正式成立。信息安全标委会是在信息安全技术专业领域内，从事信息安全标准化工作的技术工作组织。信息安全标委会负责组织开展国内信息安全有关的标准化技术工作，主要工作范围包括：安全技术、安全机制、安全服务、安全管理、安全评估等领域的标准化技术工作。

解读分析五

由于各行各业对于数据开发利用技术和数据安全标准存在差异，因此《数据安全法》中特别规定了国家推进标准体系的建设，并由国务院标准化行政主管部门及有关部门来组织制定并适时修订。目前，我国参与标准化建设的部门主要包括了国家网络与信息办公室、工业和信息化部、国家标准化管理委员会、全国信息安全标准化技术委员会等部门。

网络数据安全标准体系包括基础共性、关键技术、安全管理、重点领域四大类标准。基础共性标准包括术语定义、数据安全框架、数据分类分级，其中相关标准为各类标准提供基础性支撑。关键技术标准从数据采集、传输、存储、处理、交换、销毁等数据全生命周期维度对数据安全关键技术进行规范。安全管理标准从网络数据安全保护的管理视角出发，指导行业有效落实法律法规关于网络数据安全管理的要求，包括数据安全规范、数据安全评估、监测预警与处置、应急响应与灾难备份、安全能力认证等。重点领域标准结合相关领域的实际情况和具体要求，指导行业有效开展重点领域网络数据安全保护工作。

同时，除了上述国家部门之间参与制定标准，国家还支持企业、社会团体和教育、科研机构等参与标准的制定。

《数据安全法》相关法条六

第二十条 国家支持教育、科研机构和企业等开展数据开发利用技术和数据安全相关教育和培训，采取多种方式培养数据开发利用技术和数据安全专业人才，促进人才交流。

参考案例六

厦门大学管理学院教授、博士生导师、厦门大学健康医疗大数据国家研究院副院长、厦门大学数据挖掘研究中心主任朱建平提出：近年来，伴随着互联网和大数据应用产业的发展，目前统计专业的学生就业火爆。而对于大数据人才的培养，能力和良知两者同等重要，如图 5-4 所示。

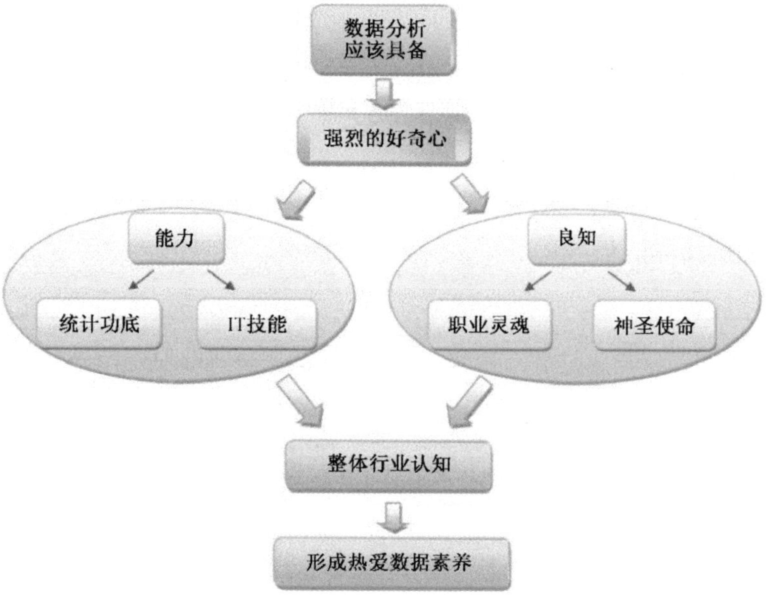

图 5-4　大数据人才的培养路径

BOSS 直聘研究院认为，我国网络安全专业人才缺口预估在 50 万以上，而每年网络安全相关专业的高校毕业生规模仅 2 万余人。数据显示，在多个行业受到疫情冲击，招聘规模明显缩减的大背景下，2020 年全年，网络安全人才需求量仍较 2019 年同比增长 47.5%。进入 2021 年，网络安全相关岗位的人才需求在全行业中的占比远高于 2019 年和 2020 年，较 2020 年同比增长 19.8%。除了教育培训、制药医疗及广告传媒业，绝大多数行业的网络安全岗位招聘规模都较 2020 年进一步增长。网络安全在各行业的渗透率全面提高，在人才需求结构中的重要性显著上升。

解读分析六

随着大数据、云计算、区块链、5G 等技术的大量应用，信息化的进程也不断在加速。与此同时，数据开发利用技术和数据安全专业人才不可或缺，而且从市场供求关系来看，存在供不应求、人才难求的状况。2018 年，教育部出台的《教育部机关及直属事业单位教育数据管理办法》中，就数据安全相关标准做了相关规定。

《数据安全法》明确了国家支持教育、科研机构和企业等开展数据开发利用技术和数据安全相关教育和培训，通过各种机构和组织的力量，将与此相关的专业和课程设立起来，并集中师资力量，提供快速而全面高效的人才培养模式。在此过程中，人才只有流动起来才能发挥更大的积极作用，因此，对于人才流动也是采取鼓励、促进的态度。

某安全公司将网络安全从业者的工作角色分为六类：① 监管、合规与治理；② 规划、开发与建设；③ 运行、维护与评估；④ 监测、防御与响应；⑤ 意识、教育与培训；⑥ 创新、支持与促进。

技术研发类岗位相对集中地分布于第②～④类，而其他高层次岗位在需求规模和人才供给两端都存在相当大的发展空间。

企业需要建立更加完备的网络安全管理体系，配备多种角色的人才队伍，对全面提升网络安全水平具有重大意义。

第 6 章

数据分类分级

在数据爆发性增长的背景下，数据分类分级是数据开发利用及数据安全保障过程中不可忽视的重要制度。

在数据开发利用方面，数据分类是数据资产管理的第一步，不论是对数据资产进行编目、标准化，还是数据的确权、管理，抑或提供数据资产服务，有效的数据分类都是首要任务。

在数据安全方面，根据敏感性、重要程度、被破坏难易度对数据进行定级，同时从行业和领域维度对数据进行分类划定，有利于数据安全义务的落实和数据安全防护措施的确定。

在《数据安全法》中，数据分类分级保护制度与重要数据目录直接对应，各地区、各部门按照数据分类分级保护制度，确定本地区、本部门以及相关行业、领域的重要数据具体目录，这样更具参考性和实操性，并加强对重要数据的保护。

《数据安全法》相关法条

第二十一条 国家建立数据分类分级保护制度，根据数据在经济社会发展中的重要程度，以及一旦遭到篡改、破坏、泄露或者非法获取、非法利用，对国家安全、公共利益或者个人、组织合法权益造成的危害程度，对数据实行分类分级保护。国家数据安全工作协调机制统筹协调有关部门制定重要数据目录，加强对重要数据的保护。

关系国家安全、国民经济命脉、重要民生、重大公共利益等数据属于国家核心数据，实行更加严格的管理制度。

各地区、各部门应当按照数据分类分级保护制度，确定本地区、本部门以及相关行业、领域的重要数据具体目录，对列入目录的数据进行重点保护。

参考案例

深圳大学信息中心参考《教育部机关及直属事业单位教育数据管理办法》《信息安全技术数据安全能力成熟度模型》和《深圳经济特区数据条例（征求意见稿）》等文件，在部门内部制订了《数据安全标准（草案）》，依据数据属性进行数据分类方面的工作，并根据数据安全影响程度确定数据安全级别，将数据从高到低分为最高级别数据、重要敏感数据、内部办公常用数据、可公开数据等不同安全级别，在此基础上计划出台《数据安全管理办法》，进一步提高数据安全防护能力。

深圳大学信息中心的经验是，高校进行数据分级分类时，除了根据数据来源、用途、内容、价值、范围等，还需结合学校实际情况与合规需求，遵循科学性、稳定性、实用性和扩展性原则，建立高校自身的数据分类分级方法，先根据数据属性按重要程度进行分类，在此基础上根据数据安全的影响程度进行分级。

（参考自 2021 年 7 月 25 日搜狐网站上相关新闻。）

规范性文件

《网络安全法》第二十一条要求：

（四）采取数据分类、重要数据备份和加密等措施。

《数据安全管理办法（征求意见稿）》第十九条要求：

网络运营者应当参照国家有关标准，采用数据分类、备份、加密等措施加强对个人信息和重要数据保护。

《工业数据分类分级指南（试行）》第五条要求：

工业企业结合生产制造模式、平台企业结合服务运营模式，分析梳理业务流程和系统设备，考虑行业要求、业务规模、数据复杂程度等实际情况，对工业数据进行分类梳理和标识，形成企业工业数据分类清单。

《证券期货业数据分类分级指引》（JR/T 0158—2018）给出了证券期货业数据分类分级方法概述及数据分类分级方法的具体描述，并就数据分类分级中的关键问题处理给出建议。

《金融数据安全数据安全分级指南》（JR/T 0197—2020）提出了金融数据安全分级的目标、原则和范围，明确了数据安全定级的要素、规则和定级过程，并给出了金融业机构典型数据定级规则，供实践参考。

《个人金融信息保护技术规范》（JR/T 0171—2020）将个人金融信息按照敏感程度分为三大类，规定了个人金融信息在收集、传输、存储、使用、删除、销毁等生命周期各环节的安全防护要求。

《信息安全技术网络安全等级保护基本要求》（GB/T25070—2019）（2019年5月正式发布）中提出，网络运营单位“应对信息分类与标识方法做出规定，并对信息的使用、传输和存储等进行规范化管理”，对重要数据资产应进行分类分级管理。

《信息安全技术　大数据安全管理指南》（GB/T 37973—2019）于2020年3月1日实施。

2020 年 4 月 9 日，中共中央、国务院《关于构建更加完善的要素市场化配置体制机制的意见》（以下简称《意见》）中明确提出，“要推动完善适用于大数据环境下的数据分类分级安全保护制度，加强政务数据、企业商业和个人数据的保护。”

例如，电信行业数据分类分级示例如图 6-1 所示。

数据分类

依据支撑电信业务的业务支撑域系统（B 域）、网络支撑域系统（O 域）、管理信息域系统（M 域）、信令/DPI 数据系统、业务管理平台五大领域的数据，电信大数据分类如下

类 别	子类和范围
(A 类) 用户身份相关数据	**(A1) 用户身份和标识信息：**(A1-1) 自然人身份标识，(A1-2) 网络身份标识，(A1-3) 用户基本资料，(A1-4) 实体身份证明，(A1-5) 用户私密资料 **(A2) 用户网络身份和鉴权信息：**(A2-1) 密码及关联信息
(B 类) 用户服务内容数据	**(B1) 服务内容和资料数据：**(B1-1) 服务内容数据，(B1-2) 联系人信息
(C 类) 用户服务衍生数据	**(C1) 用户服务使用数据：**(C1-1) 业务订购关系，(C1-2) 服务记录和日志，(C1-3) 消费信息和账单，(C1-4) 位置数据，(C1-5) 违规记录数据 **(C2) 设备信息：**(C2-1) 设备标识，(C2-2) 设备资料
(D 类) 企业运营管理数据（根据其商业价值，分为“核心”“重要”“一般”“公开”四类）	**(D1) 企业管理数据：**(D1-1) 企业内部核心管理数据，(D1-2) 企业内部重要管理数据，(D1-3) 企业内部一般管理数据，(D1-4) 市场核心经营数据，(D1-5) 市场重要经营数据，(D1-6) 市场一般经营数据，(D1-7) 企业公开披露数据，(D1-8) 企业上报数据 **(D2) 业务运营数据：**(D2-1) 重要业务运营服务数据，(D2-2) 一般业务运营服务数据，(D2-3) 业务运营服务数据，(D2-4) 数字内容业务运营数据 **(D3) 网络运维数据：**(D3-1) 网络设备和 IT 系统密码及关联管理数据，(D3-2) 核心网络设备和 IT 系统资源数据，(D3-3) 重要网络设备和 IT 系统资源数据，(D3-4) 一般网络设备和 IT 系统资源数据，(D3-5) 公开网络设备和 IT 系统资源数据，(D3-6) 公开网络设备和 IT 系统支撑数据 **(D4) 合作伙伴数据：**(D4-1) 渠道基础信息，(D4-2) CP/SP 基础数据

图 6-1 电信行业数据分类分级示例

解读分析

一、基本概述

《网络安全法》第二十一条规定了网络安全等级保护制度。与之类似，《数据安全法》第二十一条规定了国家建立数据分类分级保护制度。数据分级分类是建立数据全生命周期安全防护体系的重要基础，也是数据安全治理的核心任务之一。

数据分类保护与分级保护相辅相成。数据分类把具有共同属性的数据归并在一起，数据分级根据数据所具有的后果性标准构建技术保护体系，最后通过数据类别将其纳入对应的数据分级体系。

一般认为，数据分类分级的标准是“根据数据在经济社会发展中的重要程度，以及一旦遭到篡改、破坏、泄露或者非法获取、非法利用，对国家安全、公共利益或者个人、组织合法权益造成的危害程度”。相应地，由国家数据安全工作协调机制来统筹协调有关部门制定重要数据目录，加强对重要数据的保护。此外，关系到国家安全、国民经济命脉、重要民生、重大公共利益等数据属于国家核心数据，将适用更加严格的管理制度。各地区、各部门应当按照数据分类分级保护制度，确定本地区、本部门以及相关行业、领域的重要数据具体目录，对列入目录的数据进行重点保护。

不同数据的不同保护措施如图 6-2 所示。

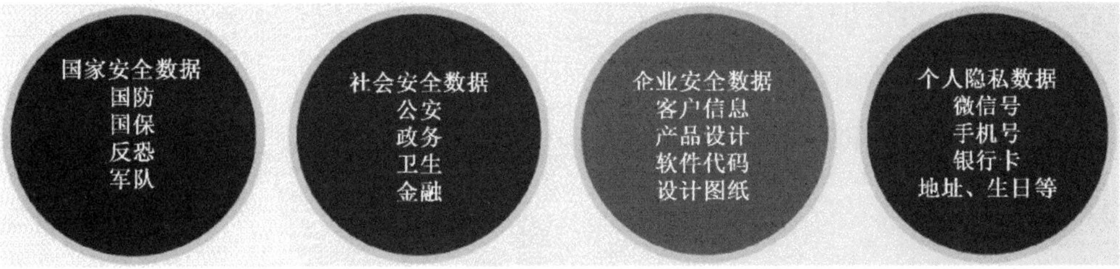

图 6-2　不同数据的不同保护措施

除此以外，数据分类分级标准化工作也在不断深入推进过程中。作为以文件形式发布的统一协定，该标准能够为特定范围活动及其结果提供相应规则或特性定义的技术规范等支撑。

二、分类分级概念

1. 数据分类

数据分类是数据资产管理的第一步，不论是对数据资产进行编目、标准化，还是数据的确权、管理，抑或提供数据资产服务，有效的数据分类都是首要任务。

数据分类，就是把相同属性或特征的数据归集在一起，形成不同的类别，方便人们通过类别来对数据进行查询、识别、管理、保护和使用。数据分类更多是从业务角度或数据管理的角度出发的，如行业维度、业务领域维度、数据来源维度、共享维度、数据开放维度等。根据这些维度，具有相同属性或特征的数据按照一定的原则和方法被归类。

2. 数据分级

数据分级是根据数据的敏感程度和数据遭到篡改、破坏、泄露或非法利用后对受害者的影响程度，按照一定的原则和方法进行定义。数据分级更多的是从安全合规性要求、数据保护要求的角度出发的，称为数据敏感度分级似乎更为贴切。数据分级本质上就是数据敏感维度的数据分类。

任何时候，数据的定级都离不开数据的分类。因此，在数据安全治理或数据资产管理领域，将数据的分类和分级放在一起，统称为数据分类分级。

数据分类分级流程如图 6-3 所示。

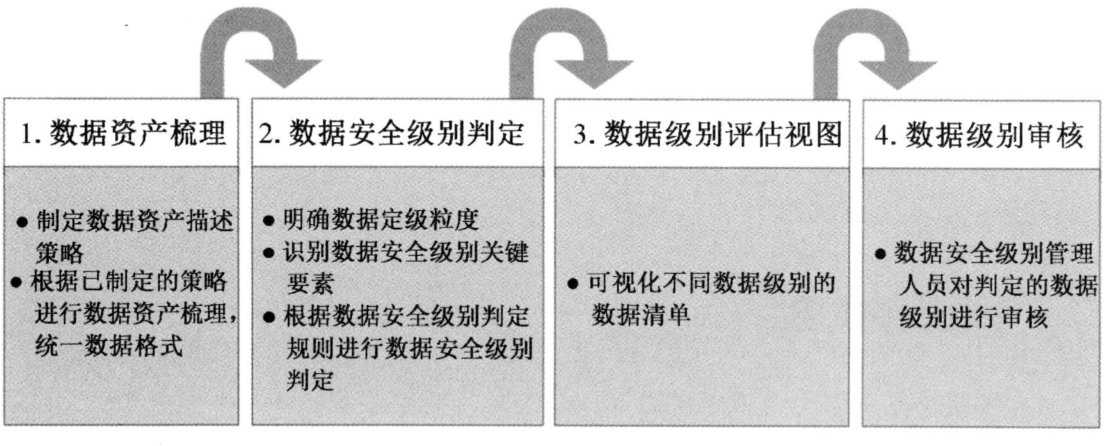

图 6-3　数据分类分级流程

三、“重要数据”的保护与界定

《数据安全法》规定，国家数据安全工作协调机制统筹协调有关部门制定重要数据目录，加强对重要数据的保护。将关系国家安全、国民经济命脉、重要民生、重大公共利益等数据列入国家核心数据，实行更加严格的管理制度。

同时，《数据安全法》将数据分类分级保护制度与重要数据目录直接对应，并要求各地区、各部门按照数据分类分级保护制度，确定本地区、本部门以及相关行业、领域的重要数据具体目录，更具参考性和实操性，深化加强对重要数据的保护。

《数据安全法》对于什么是“重要数据”并未明确界定。根据其他法律法规及征求意见稿的规定，我们可以厘清“重要数据”。

《网络安全法》首次提出了“重要数据”概念，并对重要数据的分类保护和出境做了规定。该法第二十一条规定，网络运营者应“采取数据分类、重要数据备份和加密等措施”。但这一条款并没有界定什么是重要数据。

2017 年 4 月 11 日，国家互联网信息办公室公布的《个人信息和重要数据出境安全评估办法（征求意见稿）》第九条，对“重要数据”界定为：

> 重要数据，是指与国家安全、经济发展，以及社会公共利益密切相关的数据，具体范围参照国家有关标准和重要数据识别指南。

2019 年 5 月 28 日，国家互联网信息办公室公布了《数据安全管理办法（征求意见稿）》，对“重要数据”界定为：

> 重要数据，是指一旦泄露可能直接影响国家安全、经济安全、社会稳定、公共健康和安全的数据，如未公开的政府信息，大面积人口、基因健康、地理、矿产资源等。重要数据一般不包括企业生产经营和内部管理信息、个人信息等。

虽然上述《个人信息和重要数据出境安全评估办法（征求意见稿）》和《数据安全管理办法（征求意见稿）》当前均未生效，但作为监管机构制定的规则，对于识别重要数据具有一定参考价值。

《数据安全法》对于数据分类分级保护制度的确立和重要数据目录确定的要求，在很大程度上构建了未来我国数据安全制度的框架，即在数字化发展过程中对不断更迭出现的数据进行分类分级，根据类别、级别区分数据保护的重要程度，对重要数据进行重点保护，同时对其他数据提出基本安全保护要求。对于参与数据处理相关主体在这一框架下的合规要求，应及时关注国家、所处地区、主管部门、行业所制定发布的重要数据具体目录，并根据目录在内部建立或细化相对应的数据保护目录和制度，匹配数据分类分级保护制度的监管要求。

四、解决方案

市场主体若开展数据分类分级工作，可关注以下方法。

1. 数据识别与分类分级

首先，企业应制定数据分类分级的管理制度，其中包括分类分级的规则与标准，数据分类分级的模板，以及对企业员工进行数据分类分级的相关培训。基于数据在业务场景与运营管理中的处理活动，识别出存储在不同地方的数据信息，以及它们是如何被传输与使用的。培训应该针对不同的对象分别开展，一是针对业务部门员工进行非结构化数据的数据分类分级的培训，二是对 IT 及系统负责人进行系统的数据分类分级培训。培训完成后，分发并收集数据分类分级的模板，各部门填写完成后，收集汇总数据清单。

2. 数据分类分级安全保护策略梳理

经过梳理和汇总形成数据清单后，企业应根据数据的属性对数据进行分类，根据数据对企业业务的重要程度对数据进行分级，并按照不同的级别打上相应的标签，如公开、内部、机密、绝密等。标签应明确其格式和适用范围。对于不同级别的数据，企业应制定相应的数据保护要求，如采取不同级别的数据加密手段，以及制定不同的数据备份策略等。

对于被判定为机密、绝密数据的信息，企业应厘清其使用及应用场景，并单独制定机密、绝密数据的安全保护策略，明确机密、绝密数据的使用、传输和存储规则及保护要求。

3. 数据分类分级保护整体规划设计与速赢措施

根据数据分类分级安全保护策略，企业应对数据分类分级保护制定整体规划设计，建立数据安全防护流程，明确数据安全责任人，落实不同数据分类分级的保护措施，并应通过数据保护管控评估矩阵对数据安全保护的落实情况进行监控。

为了更有效地保护企业机密、绝密数据，企业应针对机密、绝密数据的保护应单独制定培训材料，并定期对员工开展培训，以确保员工了解自身在机密、绝密数据保护方面的责任，如机密、绝密数据不允许通过电子邮件发送，打印、传真或者复印不应留下文档，对于生成或者存储机密、绝密信息的硬件设备和软件维护只能由经过授权的员工完成等。同时，企业应制定与之相配套的纪律处分规则，并通过意识宣贯，确保员工知悉不遵守企业数据分类分级策略的后果。

企业还应部署数据标签工具，实现数据批量标签管理的自动化，严格管理企业机密、绝密数据使用、传输和存储，及时发现违反企业数据分类分级策略的行为，并提出警告。

第 7 章

重要数据出境安全管理

重要数据是《数据安全法》的数据分类分级制度中非常关键的一个数据类别，重要数据的界定、细分和安全管理规则势必是后续配套法规中必须解决的问题。《数据安全法》在制度设计上采取了分类分级的方法论，即按照重要程度以及对国家、社会、个人的影响，将数据分为“一般数据”“重要数据”和“国家核心数据”。

其中，对于“重要数据”的处理，《数据安全法》规定了一系列制度，以及除关键信息基础设施（Critical Information Infrastructure，CII）运营者以外，其他数据处理者在开展重要数据出境的要求。重要数据出境过程中，企业的合规重点在于确定本行业本领域的重要数据，并开展重要数据出境安全管理评估，对需要出境的重要数据的范围、类型、数量和接收方的能力、所在地区法律环境等方面进行充分了解和掌握。

本章通过系统性地研究分析重要数据相关的规范体系文件，梳理出重要数据出境的合规和安全管理要求，尝试给出落地实践的方案，并结合案例评述分析，带领读者一瞰当下我国对于重要数据出境的监管执法形式和力度。

《数据安全法》相关法条

第二十一条 国家建立数据分类分级保护制度，根据数据在经济社会发展中的重要程度，以及一旦遭到篡改、破坏、泄露或者非法获取、非法利用，对国家安全、公共利益或者个人、组织合法权益造成的危害程度，对数据实行分类分级保护。国家数据安全工作协调机制统筹协调有关部门制定重要数据目录，加强对重要数据的保护。

关系国家安全、国民经济命脉、重要民生、重大公共利益等数据属于国家核心数据，实行更加严格的管理制度。

各地区、各部门应当按照数据分类分级保护制度，确定本地区、本部门以及相关行业、领域的重要数据具体目录，对列入目录的数据进行重点保护。

第二十七条 开展数据处理活动应当依照法律、法规的规定，建立健全全流程数据安全管理制度，组织开展数据安全教育培训，采取相应的技术措施和其他必要措施，保障数据安全。利用互联网等信息网络开展数据处理活动，应当在网络安全等级保护制度的基础上，履行上述数据安全保护义务。

重要数据的处理者应当明确数据安全负责人和管理机构，落实数据安全保护责任。

第三十条 重要数据的处理者应当按照规定对其数据处理活动定期开展风险评估，并向有关主管部门报送风险评估报告。

风险评估报告应当包括处理的重要数据的种类、数量，开展数据处理活动的情况，面临的数据安全风险及其应对措施等。

第三十一条 关键信息基础设施的运营者在中华人民共和国境内运营中收集和产生的重要数据的出境安全管理，适用《中华人民共和国网络安全法》[1]的规定；其他数据处理者在中华人民共和国境内运营中收集和产生的重要数据的出境安全管理办法，由国家网信部门会同国务院有关部门制定。

第四十六条 违反本法第三十一条规定，向境外提供重要数据的，由有关主管部门责令改正，给予警告，可以并处十万元以上一百万元以下罚款，对直

[1] 《中华人民共和国网络安全法》第三十七条　关键信息基础设施的运营者在中华人民共和国境内运营中收集和产生的个人信息和重要数据应当在境内存储。因业务需要，确需向境外提供的，应当按照国家网信部门会同国务院有关部门制定的办法进行安全评估；法律、行政法规另有规定的，依照其规定。

接负责的主管人员和其他直接责任人员可以处一万元以上十万元以下罚款；情节严重的，处一百万元以上一千万元以下罚款，并可以责令暂停相关业务、停业整顿、吊销相关业务许可证或者吊销营业执照，对直接负责的主管人员和其他直接责任人员处十万元以上一百万元以下罚款。

链接法条

《中华人民共和国网络安全法》

第三十七条 关键信息基础设施的运营者在中华人民共和国境内运营中收集和产生的个人信息和重要数据应当在境内存储。因业务需要，确需向境外提供的，应当按照国家网信部门会同国务院有关部门制定的办法进行安全评估；法律、行政法规另有规定的，依照其规定。

第六十六条 关键信息基础设施的运营者违反本法第三十七条规定，在境外存储网络数据，或者向境外提供网络数据（网络数据，是指通过网络收集、存储、传输、处理和产生的各种电子数据）的，由有关主管部门责令改正，给予警告，没收违法所得，处五万元以上五十万元以下罚款，并可以责令暂停相关业务、停业整顿、关闭网站、吊销相关业务许可证或者吊销营业执照；对直接负责的主管人员和其他直接责任人员处一万元以上十万元以下罚款。

《网络安全审查办法》
（国家互联网信息办公室，2021-12-28）

第一条 为了确保关键信息基础设施供应链安全，保障网络安全和数据安全，维护国家安全，根据《中华人民共和国国家安全法》、《中华人民共和国网络安全法》、《中华人民共和国数据安全法》、《关键信息基础设施安全保护条例》，制定本办法。

第二条 关键信息基础设施运营者采购网络产品和服务，网络平台运营者开展数据处理活动，影响或者可能影响国家安全的，应当按照本办法进行网络安全审查。

前款规定的关键信息基础设施运营者、网络平台运营者统称为当事人。

第十条 网络安全审查重点评估相关对象或者情形的以下国家安全风险因

素：

（一）产品和服务使用后带来的关键信息基础设施被非法控制、遭受干扰或者破坏的风险；

（二）产品和服务供应中断对关键信息基础设施业务连续性的危害；

（三）产品和服务的安全性、开放性、透明性、来源的多样性，供应渠道的可靠性以及因为政治、外交、贸易等因素导致供应中断的风险；

（四）产品和服务提供者遵守中国法律、行政法规、部门规章情况；

（五）核心数据、重要数据或者大量个人信息被窃取、泄露、毁损以及非法利用、非法出境的风险；

（六）上市存在关键信息基础设施、核心数据、重要数据或者大量个人信息被外国政府影响、控制、恶意利用的风险，以及网络信息安全风险；

（七）其他可能危害关键信息基础设施安全、网络安全和数据安全的因素。

《数据出境安全评估办法（征求意见稿）》
（国家互联网信息办公室，2021-10-29）

第一条 为了规范数据出境活动，保护个人信息权益，维护国家安全和社会公共利益，促进数据跨境安全、自由流动，根据《中华人民共和国网络安全法》、《中华人民共和国数据安全法》、《中华人民共和国个人信息保护法》等法律法规，制定本办法。

第二条 数据处理者向境外提供在中华人民共和国境内运营中收集和产生的重要数据和依法应当进行安全评估的个人信息，应当按照本办法的规定进行安全评估；法律、行政法规另有规定的，依照其规定。

第四条 数据处理者向境外提供数据，符合以下情形之一的，应当通过所在地省级网信部门向国家网信部门申报数据出境安全评估。

（一）关键信息基础设施的运营者收集和产生的个人信息和重要数据；

（二）出境数据中包含重要数据；

（三）处理个人信息达到一百万人的个人信息处理者向境外提供个人信息；

（四）累计向境外提供超过十万人以上个人信息或者一万人以上敏感个人信息；

（五）国家网信部门规定的其他需要申报数据出境安全评估的情形。

第十条 国家网信部门受理申报后，组织行业主管部门、国务院有关部门、省级网信部门、专门机构等进行安全评估。

涉及重要数据出境的，国家网信部门征求相关行业主管部门意见。

第十二条 数据出境评估结果有效期二年。在有效期内出现以下情形之一的，数据处理者应当重新申报评估：

（一）向境外提供数据的目的、方式、范围、类型和境外接收方处理数据的用途、方式发生变化，或者延长个人信息和重要数据境外保存期限的；

（二）境外接收方所在国家或者地区法律环境发生变化，数据处理者或者境外接收方实际控制权发生变化，数据处理者与境外接收方合同变更等可能影响出境数据安全的；

（三）出现影响出境数据安全的其他情形。

有效期届满，需要继续开展原数据出境活动的，数据处理者应当在有效期届满六十个工作日前重新申报评估。

未按本条规定重新申报评估的，应当停止数据出境活动。

《数据安全管理办法（征求意见稿）》

（国家互联网信息办公室，2019-05-28）

第二十八条 网络运营者发布、共享、交易或向境外提供重要数据前，应当评估可能带来的安全风险，并报经行业主管监管部门同意；行业主管监管部门不明确的，应经省级网信部门批准。向境外提供个人信息按有关规定执行。

解读分析

《数据安全法》于2021年9月1日开始施行，是我国专门针对数据安全的基础性法律。《数据安全法》的快速出台和施行体现了我国对数字生产要素的重视与发展决心，也是对当前国内外数据安全形势的有力回应。

《数据安全法》在制度设计上采取了分类分级的方法论，即按照重要程度以及对国家、社会、个人的影响，将数据分为“一般数据”“重要数据”和“国家核心数据”。其中对于“重要数据”的处理，《数据安全法》规定了一系列制度，以及除关键信息基础设施运营者（Critical Information Infrastructures Operators，CIIO）以外，其他数据处理者在开展重要数据出境过程中的要求。

一、重要数据出境相关法律法规与标准体系

1. 法律法规与政策文件

（1）《中华人民共和国国家安全法》（以下简称《国家安全法》）

《国家安全法》（2015 年 7 月 1 日第十二届全国人民代表大会常务委员会第十五次会议通过）规定：

> **第二十五条** 国家建设网络与信息安全保障体系，提升网络与信息安全保护能力，加强网络和信息技术的创新研究和开发应用，实现网络和信息核心技术、关键基础设施和重要领域信息系统及数据的安全可控；加强网络管理，防范、制止和依法惩治网络攻击、网络入侵、网络窃密、散布违法有害信息等网络违法犯罪行为，维护国家网络空间主权、安全和发展利益。

因此，在处理重要数据出境活动中要充分考虑是否会对国家安全、国家主权和国家发展利益造成影响。这在《数据安全法》第四条中即有体现，维护数据安全应当坚持总体国家安全观，建立健全数据安全治理体系，提高数据安全保障能力。

（2）《网络安全法》

《网络安全法》第三十七条首次提出了针对 CIIO 的重要数据本地化存储义务，以及重要数据出境安全评估制度，并针对 CIIO 违反数据本地化要求和违法跨境传输境情形规定了相应的法律责任。但《网络安全法》并未明确给出关键信息基础设施（CII）和重要数据的概念与范围，也未给出出境安全评估机制与评估部门，只是规定如法律、行政法规对数据出境另有规定的，须依照其规定执行。

例如，《中华人民共和国出口管制法》（2020 年 10 月 17 日第十三届全国人民代表大会常务委员会第二十二次会议通过，自 2020 年 12 月 1 日起施行）规定，出口管制物项的技术资料等相关数据亦被纳为管制对象，未经许可不得向境外提供这些数据；可能危害国家安全和利益的数据，不得向境外提供。

（3）《数据安全管理办法（征求意见稿）》

2019 年 5 月 28 日，由国家互联网信息办公室发布的《数据安全管理办法（征求意见稿）》明确，“数据处理者向境外提供在中华人民共和国境内运营中收集和产生的重要数据和依法应当进行安全评估的个人信息，应当按照本办法的规定进行安全评估；法律、行政法规另有规定的，依照其规定”；同时，数据处理者向境外提供数据，应当通过所在地省级网信部门向国家网信部门申报数据出境安全评估；数据出境评估结果有效期二年，在有效期内出现特定情形之一的，数据处理者应当重新申报评估。随着《数据安全法》的落地，以及被列入立法计划的《数据安全管理条例》，该办法是否会继续推进颁布仍存疑。

（4）《个人信息和重要数据出境安全评估办法（征求意见稿）》

国家互联网信息办公室在 2017 年 4 月 11 日发布《个人信息和重要数据出境安全评估办法（征求意见稿）》，给出了“重要数据”和“数据出境”的含义，并规定了重要数据和个人信息本地化存储的义务，明确了监管部门职责分工，即国家网信部门在数据出境评估工作中的统筹协调作用，各行业主管监管部门负责本行业数据出境安全评估工作，并定期组织开展本行业数据出境的安全检查。

同时，该办法规定了企业数据出境自评估义务，并列举了安全评估要素，包括：① 出境必要性；② 涉及个人信息和重要数据的情况；③ 接收方的安全保护能力及其所在国网络安全环境；④ 数据出境或再转移的安全风险；⑤ 数据出境或出境数据汇聚融合对国家安全、社会公益的风险；⑥ 其他必要评估因素。

另外，该办法明确了三种数据禁止出境的情形，设定了年度数据出境安全评估制度与变更制度。

该办法自 2017 年发布征求意见至今，尚未正式颁布。值得关注的是，国家互联网信息办公室在 2019 年 6 月份发布了《个人信息出境安全评估办法（征求意见稿）》，明确了个人信息出境安全评估的一系列制度，但只字未提“重要数据”。因此，国家网络信息办公室对于重要数据出境制度暂且停留在 2017 年的征求意见稿。此稿所列规则可供研究学习，但因该草案发布时间已久，部分制度安排似乎不具有参考价值。

（5）《关键信息基础设施安全保护条例》

2021 年 8 月 17 日，国务院发布《关键信息基础设施安全保护条例》，未规定重要数据出境制度，可以理解为延续《网络安全法》和《数据安全法》的规定。

（6）《网络安全审查办法》

国家互联网信息办公室于 2021 年 12 月 28 日公布《网络安全审查办法》，将网络平台运营者开展数据处理活动影响或者可能影响国家安全等情形纳入网络安全审查，并明确掌握超过 100 万用户个人信息的网络平台运营者赴国外上市必须向网络安全审查办公室申报网络安全审查。根据审查实际需要，增加证监会作为网络安全审查工作机制成员单位，同时完善了国家安全风险评估因素等内容。这一规定背后的深层用意是防止本土企业国外上市过程中向国外政府披露我国大量个人信息与重要数据，或者在上市后被外国政府部门恶意控制利用，从而影响我国国家安全。

因此需关注的是，网络安全审查不仅局限在 CIIO 采购网络产品和服务的前提下，凡数据处理者的数据处理活动影响到国家安全的，均应按照该法进行网络安全审查。因此，如果重要数据出境涉及影响国家安全的，亦应按照法律规定开展网络安全审查；同时，重要数据出境的风险也是网络安全审查过程中重点评估的因素。

目前，对于重要数据的定义，行业内基本达成一个共识，即重要数据不包括个人信息和国家秘密，但这一说法不等同于“个人信息就完全不构成重要数据”。如果数量级达到一定量的个人信息或者汇聚融合形成重要数据属性的，仍可认定为是重要数据。因此，即使法规条文中规范的是持有一定量个人信息的运营者，但相关联的也有重要数据的制度要求。

除了上述法律法规，相关国家政策文件也有提及有关重要数据出境的要求。例如，2018 年上海市人民政府发布《中国（上海）自由贸易试验区跨境服务贸易特别管理措施（负面清单）（2018 年）》，针对互联网和相关服务行业，要求“关键信息基础设施的运营者应当在中国境内存储在运营中收集和产生的个人信息和重要数据；因业务需要，确需向境外提供，须依法进行安全评估；且在中国境内收集的个人金融信息的储存、处理和分析须在中国境内进行。”

又如，2020 年 9 月 22 日公安部发布的有关《贯彻落实网络安全等级保护制度和关键信息基础设施安全保护制度的指导意见》中提到，如果运营者在境内运营中收集和产生的个人信息和重要数据应当在境内存储，因业务需要，确需向境外提供的，应当遵守有关规定并进行安全评估。以上均为重申《网络安全法》的规定。

（7）《数据出境安全评估办法（征求意见稿）》

2021 年 10 月 29 日，国家互联网信息办公室发布《数据出境安全评估办法（征求意见稿）》，其中明确“数据处理者向境外提供在中华人民共和国境内运营中收集和产生的重要数据和依法应当进行安全评估的个人信息，应当按照本办法的规定进行安全评估；法律、行政法规另有规定的，依照其规定。”“数据出境安全评估坚持事前评估和持续监督相结合、风险自评估与安全评估相结合，防范数据出境安全风险，保障数据依法有序自由流动。”“数据处理者向境外提供数据，符合特定情形之一的，应当通过所在地省级网信部门向国家网信部门申报数据出境安全评估。”

（8）行业法律规定

除了上述法律法规及政策文件，在特殊行业也有关于重要数据或类似数据出境的管理规定，并多从数据本地化存储及限制出境的角度来进行规制，包括智能汽车、生物医疗健康、金融、自然资源与环境、互联网信息服务、工业互联网等。

在重要数据范围和出境规则尚未完全明朗的情况下，对应行业在开展数据出境活动时，仍需关注并遵守本行业已有法律法规之要求，明确该行业数据是否有本地化存储要求，是否涉及限制出境或禁止出境的要求。未来重要数据范围和出境规则明确后，仍然需要考虑普遍规则与行业特殊规定协调适用的问题。

2. 相关国家标准文本

我国在数据安全领域标准持续不断开展建设工作，且呈现标准先行的规范制定特点。在重要数据安全管理领域，TC260（全国信息安全标准化技术委员会）归口起草并发布了《信息安全技术　数据出境安全评估指南（草案）》，在 2017 年 5 月和 8 月分别公布了草案版本与征求意见版本。2017 年 8 月版本规定了数据出境安全评估流程、评估要点、评估方法等内容，并以附录方式首次呈现重要数据识别指南，按照行业细分，列举了 27 个行业的重要数据范围，为个人信息和重要数据出境评估提供了规范性指导，提出了防止因数据出境带来的安全风险的指引性措施。但该标准自 2017 年发布草案征求意见后，暂未有进一步进展。

2020 年，《信息安全技术　重要数据识别指南》立项并仍在制定中。

《网络安全法》出台后，各行业、各领域也开展了本行业、本领域的重要数据相关研究工作。例如，通信行业组织对基础电信企业数据资源和重要数据情况进行排查并发布 YD/T 3867—2021《基础电信企业重要数据识别指南》，标准内容包括重要数据的定义，以及运营基础电信业务过程中识别重要数据的原则、规则、工作流程等。

二、重要数据出境安全管理相关法律问题解析

1.《数据安全法》第三十一条相关概念厘定

（1）重要数据及其范围

2016 年 11 月，《网络安全法》发布并首次提出“重要数据”的概念，但并未给出明确的定义。

2017 年 4 月，《个人信息和重要数据出境安全评估办法（征求意见稿）》首次给出“重要数据”[2]的定义，但未给出明确的范围。

2017 年 8 月，由 TC260 归口执行的《信息安全技术　数据出境安全评估指南》征求意见稿中首次以规范性附录的形式给出了“重要数据识别指南”，通过行业分类视角列举了 27 个行业的重要数据类型、范围，并给出了较为完整的定义[3]。

2019 年 5 月，国家互联网信息办公室发布的《数据安全管理办法（征求意见稿）》也对重要数据的定义进行了明确。

> 重要数据，是指一旦泄露可能直接影响国家安全、经济安全、社会稳定、公共健康和安全的数据，如未公开的政府信息，大面积人口、基因健康、地理、矿产资源等。
>
> 重要数据一般不包括企业生产经营和内部管理信息、个人信息等。

可以发现，重要数据的主要特征是与国家安全、经济发展和社会公益密切相关的数据，包括金融、能源、交通、电信、统计、广电、公共安全、公共事业等重要领域。因此，我们可以定义重要数据是指“一旦遭到篡改、破坏、泄露或者非法获取、非法利用，可能直接影响国家安全、经济运行、社会稳定、公共健康和安全的非国家秘密类数据”。

重要数据不包括国家秘密和个人信息。国家秘密的保护与规制交由《中华人民共和国保守国家秘密法》（第十一届全国人民代表大会常务委员会第十四次会议于 2010 年 4 月 29 日修订通过，自 2010 年 10 月 1 日起施行），个人信息交由现行相关法规和《个人信息保护法》（自 2021 年 11 月 1 日起施行）进行规制。当然，这并不代表个人信息与重要数据就是完全割裂的。

[2]　重要数据，是指与国家安全、经济发展，以及社会公共利益密切相关的数据，具体范围参照国家有关标准和重要数据识别指南。(《个人信息和重要数据出境安全评估办法（征求意见稿）》)

[3]　重要数据，是指相关组织、机构和个人在境内收集、产生的不涉及国家秘密，但与国家安全、经济发展以及公共利益密切相关的数据，包括原始数据和衍生数据。(《信息安全技术　数据出境安全评估指南（草案）》)

个人信息与重要数据的区分是为了适用不同的安全管理要求，但基于海量个人信息形成的统计数据、衍生数据等一旦泄露，仍有可能对国家安全等产生风险，此时也有可能被识别为重要数据。

另外，不同行业对重要数据亦有不同的定义。例如，根据《基础电信企业重要数据识别指南》（YD/T 3867—2021），基础电信企业重要数据是指企业在运营中收集、产生、控制的不涉及国家秘密但与国家安全、经济发展、社会稳定和公共利益密切相关的数据，特别是与国家基础通信网络安全密切相关的数据。

美国定义的受控非密信息（Controlled Unclassified Information，CUI），即政府创建或拥有的信息，或者是实体为政府或代表政府创建或拥有的信息，或者是法律、法规或政府范围的政策要求或允许机构使用保护或传播控制进行处理的信息。它与我国定义的“重要数据”在性质上非常相似。

界定了重要数据的定义，那么重要数据的范围覆盖哪些呢？根据重要数据识别指南，重要数据主要包括与经济运行相关、人口与健康相关、自然资源与环境相关、科学技术相关、安全保护相关、应用服务相关、政务活动相关和其他相关的数据。符合一种或多种特征的数据均可被认定为重要数据。

CUI 分为 8 类，包括：仅供官方使用信息，执法敏感信息，国防部受控非密核信息，限制分发信息，国务院敏感非密信息，缉毒署敏感信息，外国政府信息，技术文件分发声明。《信息安全技术　重要数据识别指南（草案）》似乎借鉴了 CUI 的特征分类法。

当然，部分行业立法文件中有提及重要数据的范围。如在智能网联汽车领域，根据《汽车数据安全管理若干规定》（2021 年 10 月 1 日生效），汽车重要数据是指一旦遭到篡改、破坏、泄露或者非法获取、非法利用，可能危害国家安全、公共利益或者个人、组织合法权益的数据，包括：

（一）军事管理区、国防科工单位以及县级以上党政机关等重要敏感区域的地理信息、人员流量、车辆流量等数据；

（二）车辆流量、物流等反映经济运行情况的数据；

（三）汽车充电网的运行数据；

（四）包含人脸信息、车牌信息等的车外视频、图像数据；

（五）涉及个人信息主体超过10万人的个人信息；

（六）国家网信部门和国务院发展改革、工业和信息化、公安、交通运输等有关部门确定的其他可能危害国家安全、公共利益或者个人、组织合法权益的数据。

因此，各地区、各部门需要基于重要数据特征，根据本地区、本部门、本行业具体情况来明确本地区、本部门、本行业重要数据的具体类别和详细特征。各地区已在积极开展重要数据目录的制定工作。如广东省人民政府发布《广东省数据要素市场化配置改革行动方案》的通知，要求广东省委网信办、省公安厅、政务服务数据管理局牵头，省有关单位和有关地级以上市配合，在 2022 年前完成重要数据目录的制定。

（2）关键信息基础设施运营者和其他数据处理者

《数据安全法》第三十一条按照采用二分法对不同主体提出了重要数据出境的安全管理要求，其中关键信息基础设施运营者参照网络安全法规定执行，其他数据处理者按照网信部门会同有关部门制定的规范执行。

根据 2021 年 8 月 17 日国务院发布的《关键信息基础设施安全保护条例》规定，关键信息基础设施是指公共通信和信息服务、能源、交通、水利、金融、公共服务、电子政务、国防科技工业等重要行业和领域的，以及其他一旦遭到破坏、丧失功能或者数据泄露，可能严重危害国家安全、国计民生、公共利益的重要网络设施、信息系统等。这一定义与《网络安全法》的定义无异。

另外，2020 年 9 月 22 日公安部发布的有关《贯彻落实网络安全等级保护制度和关键信息基础设施安全保护制度的指导意见》中明确了公共通信和信息服务、能源、交通、水利、金融、公共服务、电子政务、国防科技工业等重要行业和领域为关键信息基础设施（CII），同时将对应的基础网络、大型专网、核心业务系统、云平台、大数据平台、物联网、工业控制系统、智能制造系统、新型互联网、新兴通信设施等重点保护对象纳入关键信息基础设施范围。

CII 概念和范围明确后，CIIO 则是指运营、管理 CII 的组织或单位。这一概念在国家网络信息办公室 2019 年发布的《关键信息基础设施安全保护条例（征求意见稿）》中亦有所体现，同时列举了 CIIO 的范围，主要包括：

（一）政府机关和能源、金融、交通、水利、卫生医疗、教育、社保、环境保护、公用事业等行业领域的单位；

（二）电信网、广播电视网、互联网等信息网络，以及提供云计算、大数据和其他大型公共信息网络服务的单位；

（三）国防科工、大型装备、化工、食品药品等行业领域科研生产单位；

（四）广播电台、电视台、通讯社等新闻单位；

（五）其他重点单位。

虽然上述条例为征求意见稿，且国务院已发布正式文本，但其列举的 CIIO 的范围在实际认定上仍具有参考意义。由此可见，属于前述重要行业和领域的企业被认定为 CIIO 的可能性极大，而一般的商业企业被认定为 CIIO 的可能性相对较小。不过根据《网络安全法》的自愿鼓励原则，组织或单位可自愿加入关键信息基础设施保护体系，具体名单还要行业认定并报公安部的具体名录为准。实践层面上，目前已有不少相关企业或单位已被对应监管机构纳入 CIIO 监管范围。

明确关键信息基础设施运营者范围后，那么，对于其他数据处理者的概念如何界定？根据《数据安全法》的规定，开展数据的收集、存储、使用、加工、传输、提供、公开等数据处理活动的运营者都将被认定为数据处理者。

从《数据安全法》第三十一条的主体界定上可以看出，凡向境外提供、传输、开放、共享重要数据的，均需按照要求进行安全评估或报备审批等（具体规则待明确）。

这一主体范围的扩充可以在近几年来相关法律规范的演进中看出。从 2016 年的《网络安全法》仅规定了 CIIO 的重要数据保护义务，到 2017 年 4 月《个人信息和重要数据出境安全评估办法（征求意见稿）》的适用范围，再到 2017 年 8 月《信息安全技术 数据出境安全评估指南（草案）》的适用范围，以及 2019 年《数据安全管理办法（征求意见稿）》，都明确了所有网络运营者开展重要数据出境的活动都将被纳入出境安全评估管理范畴。

（3）在境内运营

按照有关国标的界定，境内运营关注的是运营活动所在地，而非组织的注册地。境内运营是指在中华人民共和国境内开展业务，提供产品或服务的活动。如果未在中华人民共和国境内注册的网络运营者，但在中华人民共和国境内开展业务，或向中华人民共和境内提供产品或服务的，也属于境内运营。判断网络运营者是否在中华人民共和国境内开展业务，或向中华人民共和境内提供产品或服务的参考因素包括但不限于：使用中文；以人民币作为结算货币；向中国境内配送物流等。如果中华人民共和国境内的网络运营者仅向境外机构、组织或个人开展业务、提供商品或服务，且不涉及境内公民个人信息和重要数据的，即使在境内注册，也不会视为境内运营。

（4）数据出境

根据《个人信息和重要数据出境安全评估办法（征求意见稿）》的定义，数据出境是指网络运营者将在中华人民共和国境内运营中收集和产生的个人信息和重要数据，提供给位于境外的机构、组织、个人。

参考现有法律及相关国标文件，数据出境是指网络运营者通过网络等方式，将其在中华人民共和国境内运营中收集和产生的个人信息和重要数据，通过直接提供或开展业务、国家合作、提供服务与/或产品等方式提供给境外的机构、组织或个人的一次性活动或连续性活动。

因此判定数据是否出境，不仅要看物理上的转移，也要判定数据实际受控方的情况。向本国境内但不属于本国司法管辖或未在境内注册的主体提供重要数据的，或者数据未转移存储至我国以外的地方，但被境外的机构、组织、个人访问查看的（公开信息、网页访问除外）；或者大型跨国集团内部数据由我国境内转移至境外，涉及其在境内运营中收集和产生的重要数据的；或者针对国内的数据未在当地存储而直接收集传输至境外服务器的，都宜被认定为数据出境。但非在境内运营收集产生的数据仅在国内做数据中转，则不宜认定为是数据出境。

2. 重要数据出境安全管理评估应该怎么做

根据《数据安全法》和《网络安全法》的规定，如因业务需要确需向境外提供重要数据的，CIIO 应当按照国家网信部门会同国务院有关部门制定的办法进行安全评估；而其他数据处理者需待国家网信部门会同国务院有关部门制定的办法明确后执行。因此，对于其他数据处理者开展重要数据出境活动是否需要开展安全评估制度并无明确说法。鉴于重要数据的特性和出境后可能带来的国家安全、社会稳定等重大风险，结合我国有关法律法规、政策文件、行业规范和国家标准，凡涉及重要数据出境的，在重要数据出境前应按照以下步骤开展安全风险评估与合规管理工作。

第一步：识别重要数据，明确自评估责任主体与组织。

首先，数据处理者应当识别拟出境的数据是否为重要数据，具体范围可参考《信息安全技术　重要数据识别指南（草案）》进行识别。在目前各地区、各行业重要数据目录暂未明确的前提下，可以根据数据的性质、特征、用途和数据面临的主要安全威胁进行判定，该等数据是否与经济运行相关、人口与健康相关、自然资源与环境相关、科学技术相关、安全保护相关、应用服务相关、政务活动相关以及其他相关，以及其数据安全性（保密性、完整性、可用性等）遭破坏后可能对国家安全、经济运行、社会稳定、公共健康和安全等造成的影响？而只对组织自身而言重要或敏感的数据，则不属于重要数据，如企业的生产经营和内部管理相关数据。因此，识别重要数据时应以定性与定量相结合的方式，根据具体数据类型采取不同的识别方法。必要时，可使用自动化技术工具来分析结构化数据、半结构化数据及非结构化数据，根据数据规模量级、关键字段、关联规律等识别其中包含的重要数据。

其次，明确重要数据出境的责任主体，特别是涉及多方主体的出境案例需根据数据出境发起方来确定安全自评估责任主体。例如，云服务客户主动要求云服务提供商进行数据出境的，由云服务提供商配合云服务客户开展安全自评估，且由云服务客户承担相应责任。如云服务提供商主动要求进行数据出境的，由云服务客户配合云服务提供商开展安全自评估，且由云服务提供商承担相应责任。

另外，需判定组织是否属于 CIIO 或其他数据处理者，以结合未来国家网络信息办公室根据两类不同主体提出的不同安全管理要求。处理重要数据的组织应按照《数据安全法》的要求在组织层面明确数据安全负责人与管理机构。因此，明确数据出境自评估主体后，应由数据安全负责人建立数据安全评估工作组，梳理重要数据资产情况并开展出境安全风险自评估工作。工作组主要应当包含法务、政策、安全、技术、管理相关专业人员。数据出境安全自评估工作组应负责审查业务部门提交的数据出境清单/计划（包括涉及的重要数据类型、数量和范围、涉及的信息系统、技术处理措施等），并定期对数据出境情况开展检查、抽查。

第二步：开展重要数据出境安全自评估，报送重要数据出境自评估报告。

开展重要数据安全自评估的首要步骤是评估数据出境的目的是否具有合法性、正当性和必要性，需要考虑的因素包括但不限于“是否属于现行法律规定禁止出境的情形或属于国家网信部门、公安部门、安全部门等有关部门认定不能出境的？”“涉及个人信息的是否已取得主体授权同意？”“出境是否是履行合同义务所必需或履行政府公务所必需？”“是否有可替代措施？”等。

如判定数据出境目的不具有合法性、正当性和必要性，则不得出境。如判定数据出境目的具有合法性、正当性和必要性，则在此基础上评估数据出境安全风险，将数据出境及再转移后被泄露、损毁、篡改、滥用等风险有效地降至最低程度。

重要数据出境安全风险自评估的主要因素包括：

① 重要数据的数量、类型、范围、技术处理情况

重要数据数量影响其所蕴含的社会、经济价值。数量越大，发生泄漏、披露或滥用时，对国家安全、经济发展和社会公共利益造成的危害越大。因此，要秉承重要数据出境最小化原则，控制重要数据出境的频率及数量，并尽可能采取技术措施进行处理，如采取多方计算、联邦学习、可信计算等隐私计算技术，并尝试采用区块链等技术控制数据出境后再转移再利用的风险。

② 发送方的安全保护能力

重要数据出境过程中，需采取组织的安全管理制度与技术措施共同保障数据跨境传输过程中的数据安全性、保密性和完整性。因此，需要自评估自身的安全管理制度、数据跨境合同条款和内部审计机制，以及组织在应对数据安全事件上的应急响应能力、安全技术防护体系、访问控制与身份鉴别的能力、数据活动日志审计、渗透测试与漏洞修复能力等。

③ 接收方的安全保护能力及其所在国/地区的网络安全、政治法律环境

判定接收方的安全能力，可以按照类似发送方的控制点进行评定。除此之外，还应关注接收方股东或权益相关组织中是否包含外国政府组织，以及其所在国的网络安全、政治法律环境，包括：

- 该国家或地区在数据安全方面现行的法律法规及普遍适用的标准情况。
- 该国家或地区主管数据安全的执法机构和相关司法机构等。
- 该国家或地区的执法机构、司法机构等部门调取数据的权力和法律程序。

- ❖ 该国家或地区与其他国家或地区之间是否缔结有关数据流通、共享等方面的双边或多边协定，包括在执法、监管等方面数据流通、共享的双多边协定。

根据以上自评估因素形成数据出境评估报告，并向有关主管部门进行递交或报送。评估报告应包括：

- ❖ 重要数据类型、数量、范围等情况（不包括重要数据本身）。
- ❖ 重要数据出境面临的安全风险及应急预案。
- ❖ 发送方与接收方的安全保护能力调研。
- ❖ 接收方国家网络安全、政治法律环境。
- ❖ 数据出境存放地、使用范围和方式。
- ❖ 行业特殊法律规定情况（如有）与合法要件。
- ❖ 自评估安全风险等级及可行性措施。

目前，法律尚未明确具体安全评估的主管部门，建议组织在进行重要数据出境前，向省级网信部门或所在行业主管监管部门进行问询，是否需要采取相应的安全管理措施，或履行相应的安全保护义务。

第三步：报送有关主管部门审批，开展主管部门安全评估。

数据出境满足上报要求的，评估报告应按要求报送国家网信部门或行业主管部门。数据出境需获得国家网信部门、行业主管部门同意的，应在数据出境前将评估报告按要求报送国家网信部门、行业主管部门，并获得其同意。主管部门亦应按照第二步提及的相关因素对重要数据出境进行安全评估，并形成官方的重要数据出境评估报告与结论。对评估结果为可以出境的，依照出境计划进行出境；对评估结果禁止出境的，提出出境计划修改建议，由申请出境方修改出境计划，降低数据出境安全风险后，重新进行评估。

第四步：采取安全管理与技术措施，持续关注与保障数据安全。

根据第三步评估重要数据可以出境的，应当与境外接收方签署重要数据跨境传输协议，明确双方权利义务，要求接收方履行数据安全保护义务。如在过程中出现再分包等措施的，参照 GDPR 规则，要求接收方获得发送方的授权同意，合作结束后要求对方返还或彻底删除重要数据等约定。除此之外，还应当采取相应的技术管控措施，建立重要数据安全事件应急响应预案，并在数据发送、传输、销毁等相关数据处理阶段采取加密等技术措施，并建立相应的审计机制，防止数据在传输过程中泄露、未经授权访问和调取数据，或未彻底销毁重要数据。

除此之外，重要数据出境主体还应秉承动态识别复查原则，定期复查重要数据识别结果和出境情况，且在数据用途、共享方式、合作双方政府关系等因素发生变化时，及时调整重要数据出境评估风险，并采取有效措施，避免发生危害国家安全、公共利益、社会稳定的风险。监管部门亦可能采取抽查方式对向境外提供重要数据的情况进行核验，甚至有些法律草案规定了每年固定时间将年度数据安全管理情况报省级网信部门和有关部门的要求。

以上为结合现有法律法规及发布的草案、征求意见稿汇总形成，可供参考研习，不作为具体落地执行的依据，具体见图 7-1。

3. 重要数据出境的特殊额外要求

（1）汽车行业重要数据出境特殊要求

前面讲述了重要数据出境的安全评估流程，目前在部分行业也有一些针对重要数据出境的特殊要求，如在智能汽车行业中的抽查核验制度、年度报告制度等。根据国家网络信息办公室 2021 年 8 月 20 日发布的《汽车数据安全管理若干规定（试行）》规定，汽车数据处理者开展重要数据出境活动的需要按照规定开展风险自评估，并将自评估报告报送省级网信部门及有关部门，同时需要就出境事宜通过国家网信部门会同的国务院有关部门（包括国务院发展改革委、工业和信息化部、公安部、交通运输部等有关部门）组织的安全评估。通过评估后，国家网信部门会同国务院有关部门会以抽查等方式来核验汽车数据处理者有无按照出境评估时明确的细则进行出境。除此之外，汽车数据处理者在每年 12 月 15 日前需要向省级网信部门和有关部门报送年度汽车数据安全管理情况，报送的具体内容包括：

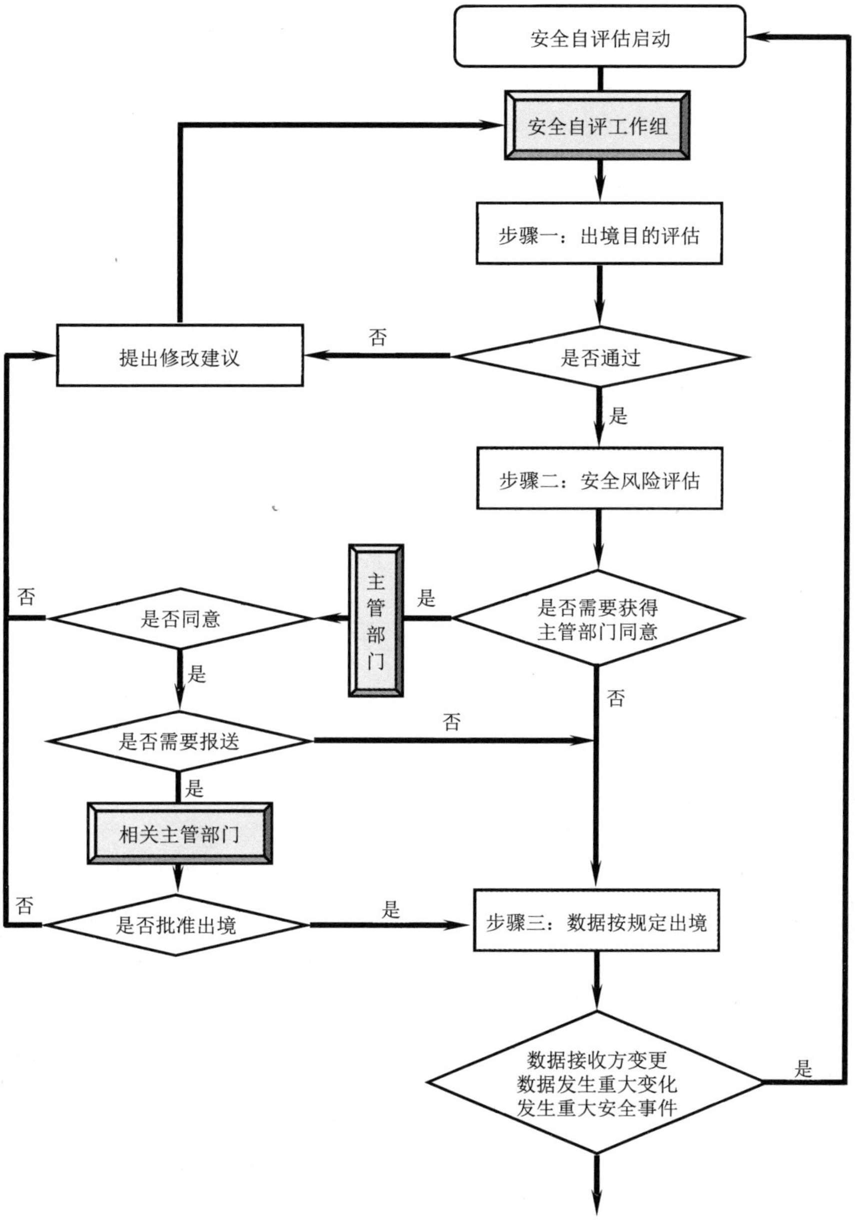

图 7-1　安全自评估流程（源自《信息安全技术　数据出境安全评估指南》（草案））

（一）汽车数据安全管理负责人、用户权益事务联系人的姓名和联系方式；

（二）处理汽车数据的种类、规模、目的和必要性；

（三）汽车数据的安全防护和管理措施，包括保存地点、期限等；

（四）向境内第三方提供汽车数据情况；

（五）汽车数据安全事件和处置情况；

（六）汽车数据相关的用户投诉和处理情况；

（七）国家网信部门会同国务院工业和信息化、公安、交通运输等有关部门明确的其他汽车数据安全管理情况。

（八）数据接收者的基本情况；

（九）出境汽车数据的种类、规模、目的和必要性；

（十）汽车数据在境外的保存地点、期限、范围和方式；

（十一）涉及向境外提供汽车数据的用户投诉和处理情况；

（十二）国家网信部门会同国务院工业和信息化、公安、交通运输等有关部门明确地向境外提供汽车数据需要报告的其他情况。

（2）境外司法/执法机构的数据请求响应

除部分行业有关重要数据的特殊要求之外，关于处理境外司法或执法机构的数据请求，也有严格的限制条件与响应要求。按照《数据安全法》第三十八条之规定，外国司法或者执法机构向我国境内组织或机构提出数据请求的，我国主管机关将按照有关法律和我国缔结或者参加的国际条约、协定，或者按照平等互惠原则来响应。如果未经我国主管机关批准，境内的组织、个人不得向外国司法或者执法机构提供存储于中华人民共和国境内的数据。这一要求也散见于我国的多部法律中，如《中华人民共和国国际刑事司法协助法》《中华人民共和国证券法》和反洗钱与反恐怖融资相关法律文件。目前，具体由哪一主管机关来进行境外数据请求的审批，尚未明确，实践中需要根据具体情况来判断，如通过司法途径或外交途径请求数据的，则由司法部或在华大使馆、外交部等按照我国的司法协助机制或外交机制来进行。

4. 重要数据违法违规出境之法律责任

（1）民事责任

重要数据出境涉及大批量个人信息，危害公民个人权益的，则可能面临个人民事诉讼或检察机关、法律规定的消费者组织和由国家网信部门确定的组织提起的公益诉讼。

2020年12月29日，最高人民法院印发《关于修改〈民事案件案由规定〉的决定》的通知（2021年1月1日生效）中，新增个人信息保护纠纷案由。如因个人信息处理者的处理行为造成个人权益受损的，个人有权提起民事诉讼，且根据《个人信息保护法》的规定，“个人信息侵权举证责任倒置”，即个人信息处理者不能证明自己没有过错的，应当承担损害赔偿等侵权责任。损害赔偿责任按照个人因此受到的损失或者个人信息处理者因此获得的利益来确定；个人因此受到的损失和个人信息处理者因此获得的利益难以确定的，根据实际情况确定赔偿数额。

2020 年 9 月，最高检察院在《关于积极稳妥拓展公益诉讼案件范围的指导意见》中明确将个人信息保护作为网络侵害领域的办案重点。另外，最新出台的个人信息保护法也设立了个人信息保护公益诉讼制度，明确将个人信息保护纳入检察公益诉讼领域，赋予检察机关、法定消费者组织以及授权的相关组织开展个人信息保护公益诉讼的权利。在个人信息保护法出台的次日，最高检察院下发了《关于贯彻执行个人信息保护法推进个人信息保护公益诉讼检察工作的通知》（以下简称《通知》），其中特别提出，对于处理 100 万人以上的大规模个人信息应当重点保护，从严把握、履行公益诉讼检察职责。

（2）刑事责任

根据目前的制度设计，国家秘密适用关于国家秘密的专门法律规定，重要数据不包括国家秘密，但是不排除重要数据构成“情报”，因此，违反重要数据出境监管，不排除未来构成“为境外窃取、刺探、收买、非法提供国家秘密或情报罪”。

如果单位不按照《数据安全法》和《网络安全法》等法律、行政法规规定的信息网络安全管理义务，对重要数据出境进行评估或采取相关的安全技术管理义务的，造成大量用户信息泄露并导致严重后果的，或有其他严重情节的，则可能构成“拒不履行信息网络安全管理义务罪”。

如重要数据出境是为境外的机构、组织、人员窃取、刺探、收买、非法提供商业秘密的，则可能构成为境外窃取、刺探、收买、非法提供商业秘密罪。

（3）行政责任

有关重要数据违法违规出境的罚则，最早《网络安全法》规定了CIIO违法开展重要数据出境活动的法律责任，即给予CIIO责令改正，给予警告，没收违法所得，处五万元以上五十万元以下罚款。严重的可责令暂停相关业务、停业整顿、关闭网站、吊销相关业务许可证或者吊销营业执照；对直接负责的主管人员和其他直接责任人员处一万元以上十万元以下罚款。

而《数据安全法》针对重要数据违法违规出境处理的提高了处罚额度，情节严重的最高可处一千万元罚款，对直接负责的主管人员和其他直接责任人员处十万元以上一百万元以下罚款。除此之外，如触犯特殊行业立法的，则依据相应法律法规进行处罚，如下文即将介绍的特殊领域数据跨境处罚第一案。

参考案例

某医院及某基因服务公司跨境传输人类遗传资源信息被处罚案。2015年9月，中华人民共和国科学技术部对某医院及某基因服务公司作出处罚（详见国科罚〔2015〕1 号行政处罚决定书、国科罚〔2015〕2 号行政处罚决定书），某基因服务公司在执行“中国女性单相抑郁症的大样本病例对照研究”国际科研合作项目时，未经批准，与某医院共同与英国牛津大学开展中国人类遗传资源国际合作研究，并未经许可将部分人类遗传资源信息从网络上传递出境。

据此，科技部要求某基因服务公司、某医院立即停止研究工作，销毁该研究工作中所有未出境的遗传资源材料及相关研究数据，并停止某基因服务公司有关我国人类遗传资源的国际合作项目，待整改验收合格后继续展开。

解读分析

本案例为数据出境处罚第一案。当时，某基因服务公司及某医院违反了《人类遗传资源管理暂行办法》中第四条、第十一条和第十六条规定的关于"人类遗传资源数据出境报批许可制"的制度。

> **第四条** 国务院科学技术行政部门负责全国人类遗传资源管理工作；国务院其他有关部门在各自的职责范围内，负责有关人类遗传资源管理工作。
>
> 省、自治区、直辖市人民政府科学技术行政部门负责本行政区域人类遗传资源管理工作；省、自治区、直辖市人民政府其他有关部门在各自的职责范围内，负责本行政区域有关人类遗传资源管理工作。
>
> **第十一条** 采集我国重要遗传家系、特定地区人类遗传资源或者采集国务院科学技术行政部门规定种类、数量的人类遗传资源的，应当符合下列条件，并经国务院科学技术行政部门批准：
>
> （一）具有法人资格；
>
> （二）采集目的明确、合法；
>
> （三）采集方案合理；
>
> （四）通过伦理审查；
>
> （五）具有负责人类遗传资源管理的部门和管理制度；
>
> （六）具有与采集活动相适应的场所、设施、设备和人员。

第十六条 国家人类遗传资源保藏基础平台和数据库应当依照国家有关规定向有关科研机构、高等学校、医疗机构、企业开放。

为公众健康、国家安全和社会公共利益需要，国家可以依法使用保藏单位保藏的人类遗传资源。

说明:《中华人民共和国人类遗传资源管理条例》于2019年3月20日国务院第41次常务会议通过，自2019年7月1日起施行，取代《人类遗传资源管理暂行办法》。

按照现行法律要求，我国与外国组织、个人及其设立或实际控制的机构开展国际研究合作的，须向科技部提出申请并获批准后，方可开展执行。如将人类遗传资源信息（即利用人类遗传资源材料产生的数据等信息资料）向外国组织、个人及其设立或者实际控制的机构提供或开放使用的，还应当向国务院科学技术行政部门备案并提交信息备份。其中涉及国际研究合作项目的，还须在备案过程中提交《中国人类遗传资源国际合作科学研究审批决定书》。国际合作研究项目结束后，应在六个月内共同向科技部提交合作研究情况报告。

除了需注意上述备案审批流程，若处理人类遗传信息的行为可能影响我国公众健康、国家安全和社会公共利益，处理者还应通过国务院科学技术行政部门组织的安全审查。如果未获得利用我国人类遗传资源开展国际合作科学研究的批准，或者未通过安全审查，而将可能影响我国公众健康、国家安全和社会公共利益的人类遗传资源信息提供给外国组织、个人及其设立或者实际控制的机构，或者将上述信息开放使用的，按照《中华人民共和国人类遗传资源管理条例》第三十六条，科技部可责令停止违法行为，没收违法采集、保藏的人类遗传资源和违法所得，处五十万元以上五百万元以下罚款，如果违法所得在一百万元以上的，处违法所得五倍以上十倍以下的罚款。

第三十六条 违反本条例规定，有下列情形之一的，由国务院科学技术行政部门责令停止违法行为，没收违法采集、保藏的人类遗传资源和违法所得，处五十万元以上五百万元以下罚款，违法所得在一百万元以上的，处违法所得五倍以上十倍以下罚款：

（一）未经批准，采集我国重要遗传家系、特定地区人类遗传资源，或者采集国务院科学技术行政部门规定种类、数量的人类遗传资源；

（二）未经批准，保藏我国人类遗传资源；

（三）未经批准，利用我国人类遗传资源开展国际合作科学研究；

（四）未通过安全审查，将可能影响我国公众健康、国家安全和社会公共利益的人类遗传资源信息向外国组织、个人及其设立或者实际控制的机构提供或者开放使用；

（五）开展国际合作临床试验前未将拟使用的人类遗传资源种类、数量及其用途向国务院科学技术行政部门备案。

在处理人类遗传信息时，除了需注意报备审批流程以及安全审查规则，还应尊重人类遗传信息提供者的个人信息权益，事先开展个人信息保护影响评估，充分告知信息处理规则，并取得提供者的单独同意。例如在现行法律监管框架下，本案例中涉案主体的行为可能构成违反《网络安全法》第三十七条、《数据安全法》第三十一条、《个人信息保护法》第三章的有关数据出境的规定，即CIIO在中国境内运营过程中收集和产生的个人信息和重要数据应当在境内存储。因业务需要确需向境外提供的，应当按照国家网信部门会同国务院有关部门制定的办法进行安全评估。个人信息出境的，应当充分告知个人信息主体，具备合法事由，开展个人信息保护影响评估，并符合《个人信息保护法》第三十八条规定的条件之一，包括通过安全评估、个人信息保护认证或签署标准合同等。

本案例所涉人类遗传信息为具体患者的信息，具备个人信息属性，同时其可能被认定为重要数据。而涉案主体“基因公司”及“医院”被认定为CIIO的可能性较大。

因此，针对本案例中涉案主体的行为，根据《网络安全法》第六十六条规定，可能被处五万元以上五十万元以下罚款，直接责任人员处一万元以上十万元以下罚款。根据《数据安全法》规定，可能处以十万元以上一百万元以下罚款，直接责任人员处一万元以上十万元以下罚款；情节严重的，可能处一百万元以上一千万元以下罚款，直接责任人员处十万元以上一百万元以下罚款。根据《个人信息保护法》，如案件情节严重的，可能处以五千万元以下或者上一年度营业额百分之五以下罚款，相关主管人员可能在一定期限内禁止担任相关企业的董事、监事、高级管理人员和个人信息保护负责人。

结语

目前，我国对于重要数据出境安全管理要求均为原则性规定，相关细化的规范要求正在制定中，多数文件仍为征求意见稿状态。重要数据出境安全管理的完全落地实施还有待时日。

重要数据出境管理是为了防范数据跨境流动过程中可能带来的风险，而非对数据的禁止与封锁。国家对于数据的有效利用与自由流动是持鼓励、促进与保障的态度，如《海南自由贸易港建设总体方案》和《商务部关于印发全面深化服务贸易创新发展试点总体方案的通知》都在积极探索数据跨境传输安全管理试点。我们有望在未来看到数据要素充分发挥其市场作用、实现经济利益发展的同时，通过规范理性的方式来保障我国网络空间主权与数据市场话语权，避免因数据的流动互通而发生严重影响国家安全、公共健康与安全以及社会稳定的事件，从而推动更加有序、开放的数据跨境流动，确立数据网络空间的大国格局，推动全球数字经济发展。

第 8 章

数据安全风险评估

《数据安全法》第十八条、第二十二条、第三十条提出国家促进数据安全风险评估、安全检测评估等数据安全管理和保障活动，并对重要数据的安全评估活动做了专门性规定。

我国当前的数据安全风险评估在我国实践操作中处于起步阶段，国家以及各方已经通过标准文件、政策支持等推行数据安全风险评估，提供评估内容和等级说明，如在数据管理领域的国家标准《数据管理能力成熟度评估模型》（GB/T 36073—2018）、在数据安全检测评估、认证领域的标准《数据安全能力成熟度模型》（DSMM，GB/T 37988—2019）和团体标准《数据安全治理能力评估方法》（T/ISC-0011—2021），这三个标准可以为有需要的企业进行数据治理、数据安全风险评估提供参考。

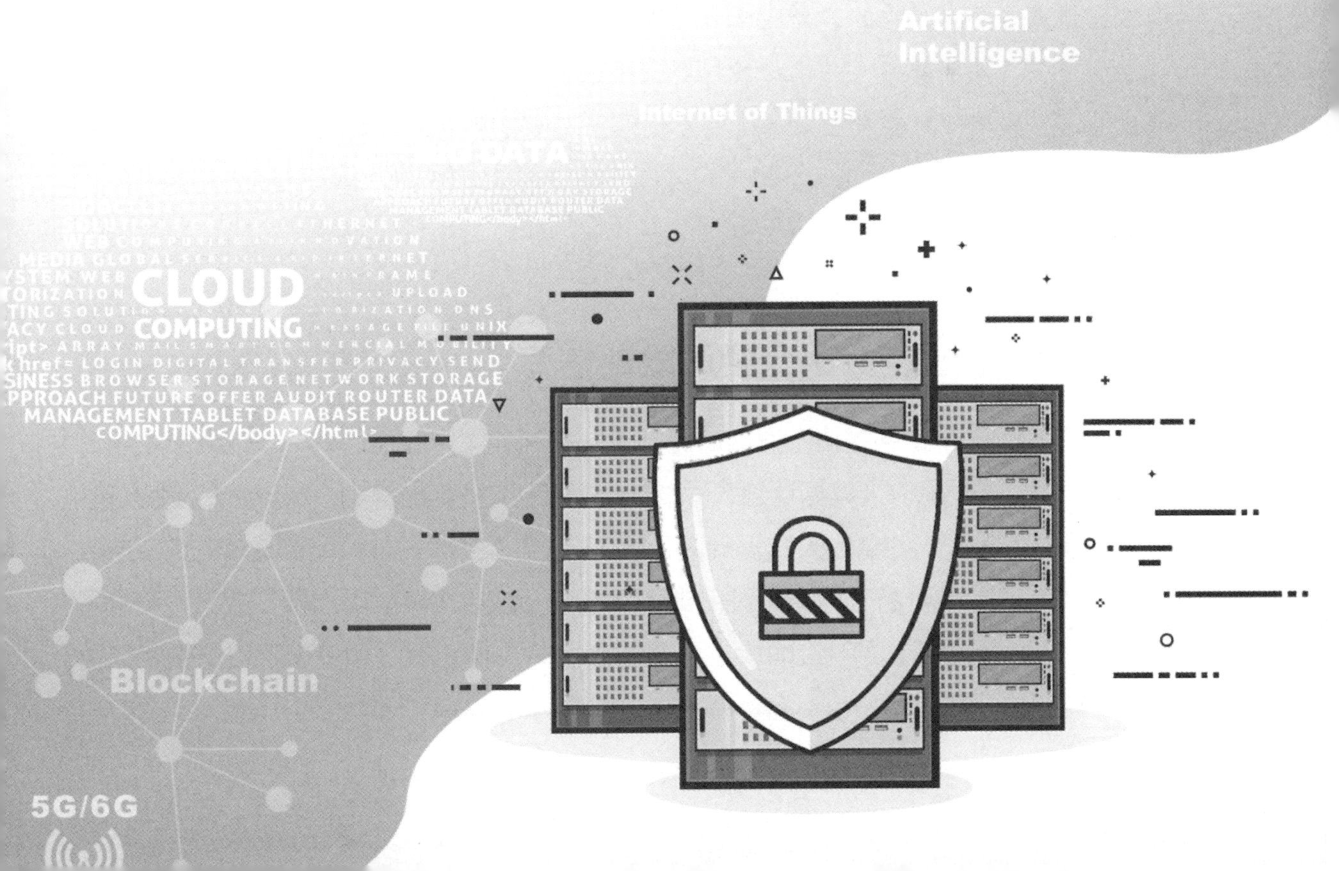

《数据安全法》相关法条

第十八条 国家促进数据安全检测评估、认证等服务的发展，支持数据安全检测评估、认证等专业机构依法开展服务活动。

国家支持有关部门、行业组织、企业、教育和科研机构、有关专业机构等在数据安全风险评估、防范、处置等方面开展协作。

第二十二条 国家建立集中统一、高效权威的数据安全风险评估、报告、信息共享、监测预警机制。国家数据安全工作协调机制统筹协调有关部门加强数据安全风险信息的获取、分析、研判、预警工作。

第三十条 重要数据的处理者应当按照规定对其数据处理活动定期开展风险评估，并向有关主管部门报送风险评估报告。

风险评估报告应当包括处理的重要数据的种类、数量，开展数据处理活动的情况，面临的数据安全风险及其应对措施等。

第四十五条 开展数据处理活动的组织、个人不履行本法第二十七条、第二十九条、第三十条规定的数据安全保护义务的，由有关主管部门责令改正，给予警告，可以并处五万元以上五十万元以下罚款，对直接负责的主管人员和其他直接责任人员可以处一万元以上十万元以下罚款；拒不改正或者造成大量数据泄露等严重后果的，处五十万元以上二百万元以下罚款，并可以责令暂停相关业务、停业整顿、吊销相关业务许可证或者吊销营业执照，对直接负责的主管人员和其他直接责任人员处五万元以上二十万元以下罚款。

参考案例

一、数据安全风险评估专项

中国信息通信研究院（以下简称“中国信通院”）于2021年启动“卓信大数据计划”，推动我国数字经济更加健康、可持续的发展。

“卓信大数据计划”发起首批“数据安全风险评估专项”，系统地分析了业务系统的数据暴露面、敏感接口的脆弱性。截至2021年7月，共计100家企业通过审核。在测试过程中发现，接受测试评估的企业存在 IP 获取数据异常、IP 访问频次异常、单次返回敏感数据量过多、多类型敏感数据透出、水平越权等相关问题，前期检测出的共性问题如图 8-1 所示[1]。

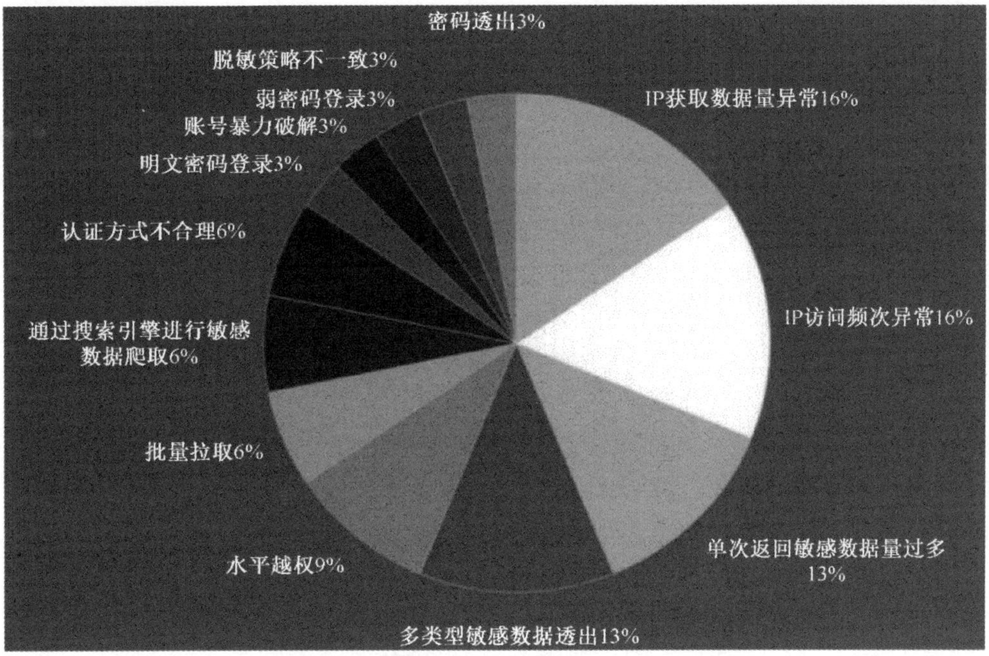

图 8-1　数据安全评估专项结果（来源：中国信通院）

二、数据安全评估方法

为全面、准确、客观度量企业数据安全治理能力，指导企业落实数据安全治理主体责任，促进全行业数据安全治理水平持续提升，中国信通院在中国互联网协会联合百度、联通数科、奇安信、蚂蚁、京东数科、爱奇艺、小米、美团等 20 多家单位共同制定了《数据安全治理能力评估方法》团体标准，于 2021 年 4 月 27 日发布。

数据安全治理能力评估框架参考了数据安全领域相关的国际、国家和行业标准，充分吸收行业数据安全治理最佳实践，规定了数据安全治理能力的评估框架，从组织建设、制度流程、技术工具、人员能力四个维度定义了 18 个能力项的评估方法，覆盖数据安全治

[1]　中国信息通信研究院．数据安全治理能力评估方法．2021-5．

理的全生命周期；同时给出了可操作的评估方法，企业可以直接开展评估工作，并根据能力要求，确定最终等级，如图 8-2 所示。

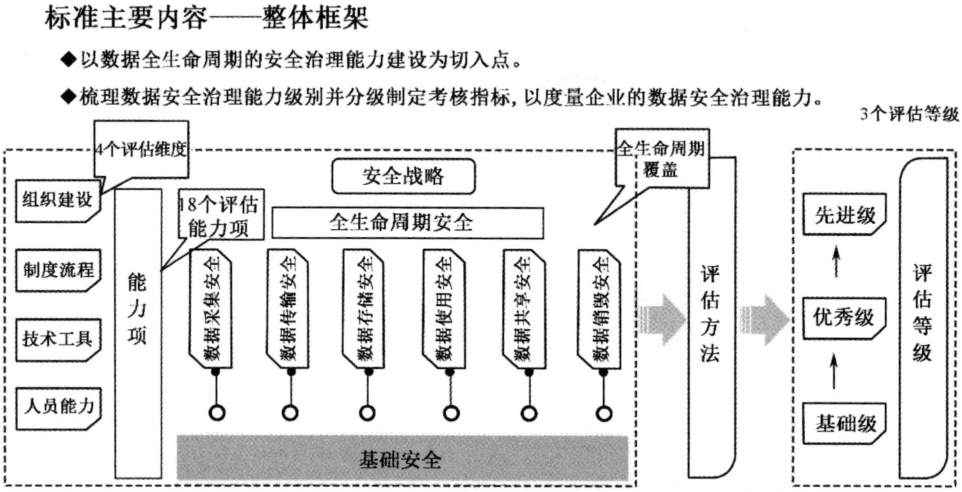

图 8-2　数据安全治理能力评估框架（来源：中国信通院）

解读分析

一、促进数据安全检测认证的发展，支持数据安全风险评估、防范的多方协作

> **第十八条**　国家促进数据安全检测评估、认证等服务的发展，支持数据安全检测评估、认证等专业机构依法开展服务活动。国家支持有关部门、行业组织、企业、教育和科研机构、有关专业机构等在数据安全风险评估、防范、处置等方面开展协作。

由此可见，《数据安全法》提出的数据安全风险评估和认证等应当是多方协作的，是从国家层面促进依法开展相关活动。

目前，我国数据管理领域正式发布的国家标准有《数据管理能力成熟度评估模型》（GB/T　36073—2018），数据安全检测评估、认证领域的标准有《数据安全能力成熟度模型》（GB/T　37988—2019）

和团体标准《数据安全治理能力评估方法》（T/ISC-0011—2021）。这三个标准都可以成为各行业、企业开展数据治理、数据安全风险评估的参考标准。

1.《数据管理能力成熟度评估模型（GB/T 36073—2018）》

《数据管理能力成熟度评估模型》（Data management Capability Maturity assessment Model，DCMM）是我国数据管理领域中的第一个国家标准，是数据管理或数据治理领域的里程碑式成果。

数据管理能力成熟度评估模型定义了数据战略、数据治理、数据架构、数据应用、数据安全、数据质量、数据标准和数据生存周期 8 个核心能力域和 28 个能力项，并以组织、制度、流程和技术作为评价维度，如图 8-3 所示和图 8-4 所示[2]。

同时，DCMM 将企业数据管理能力成熟度水平分为初始级、受管理级、稳健级、量化管理级、优化级五个等级，如图 8-5 所示。

DCMM 是数据安全治理的奠基性文件，为数据安全评估和治理提供了数据管理的全局视角，并提供了基础的评估纬度和方法。

图 8-3 DCMM 的核心评价维度（来源：DCMM）

[2] 武汉市大数据协会．数据管理成熟度评估服务（DCMM）．[2020-06-14].

能力域	能力项	能力域	能力项
数据战略	数据战略规划	数据应用	数据分析
	数据战略实施		数据开放共享
	数据战略评估		数据服务
数据治理	数据治理组织	数据安全	数据安全策略
	数据制度建设		数据安全管理
	数据治理沟通		数据安全审计
数据架构	数据模型	数据标准	业务术语
	数据分布		参考数据和主数据
	数据集成与分享		数据元
	数据服务		指标数据
数据质量	数据质量需求	数据生存周期	数据需求
	数据质量检查		数据设计和开发
	数据质量分析		数据运维
	数据质量提升		数据退役

图 8-4　DCMM 的能力域（来源：DCMM）

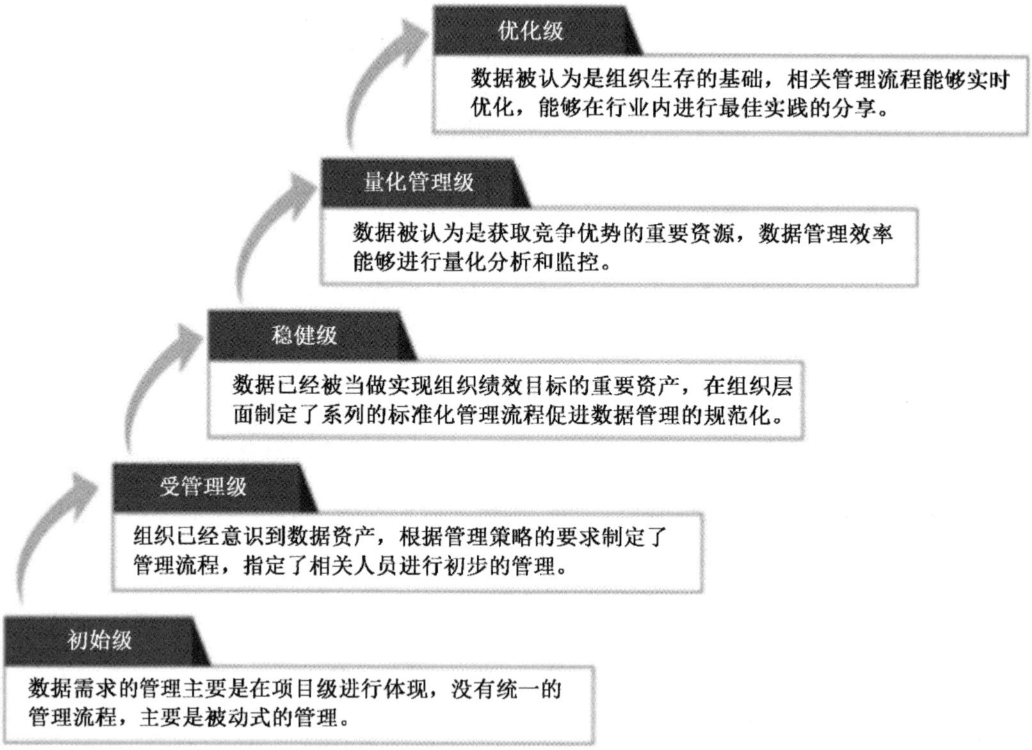

图 8-5　DCMM 成熟度五级分类（来源：DCMM）

2. 数据安全能力成熟度模型（GB/T　37988—2019）

数据安全能力成熟度模型（Data Security capability Maturity Model，DSMM）给出了组织数据安全能力的成熟度模型架构，规定了数据采集安全、数据传输安全、数据存储安全、数据处理安全、数据交换安全、数据销毁安全、通用安全的成熟度等级要求。

DSMM 包含如下特点。

第一，以数据生命周期安全为核心。DSMM 围绕数据全生命周期，以数据为中心，针对数据生命周期各阶段建立的相关数据安全过程域体系，包括采集、传输、存储、处理、交换、销毁等阶段的安全要求。

第二，提供了安全能力评估的维度要求，并赋予了其在数据安全领域的评估要求。DSMM 明确了组织机构在各数据安全领域所需要具备的能力维度，明确为组织建设、制度流程、技术工具和人员能力四个关键能力的维度。各关键能力维度要求如下。

① 组织建设：数据安全组织机构的架构建立、职责分配和沟通协作。

② 制度流程：组织机构关键数据安全领域的制度规范和流程落地建设。

③ 技术工具：通过技术手段和产品工具固化安全要求或自动化实现安全工作。

④ 人员能力：执行数据安全工作的人员的意识及专业能力。

第三，基于 DCMM，沿用五级成熟度模型。

基于统一的分级标准，细化组织机构在各数据安全过程域的五个级别的能力成熟度分级要求。其中，安全过程域体系覆盖数据生命周期的六个阶段，包含数据生命周期通用安全的过程域和数据生命周期各阶段安全的过程域。组织机构的数据安全能力成熟度模型分为五个成熟度等级：1 级，非正式执行级；2 级，计划跟踪级；3 级，充分定义级；4 级，量化控制级；5 级，持续改进级。

DSMM 是在数据安全领域范围内最全面的评估模型，适合作为评估组织数据安全能力的方法和标准，亦可在组织开展数据安全能力建设的过程中被用作参考目标和依据。

3.《数据安全治理能力评估方法（T/ISC-0011—2021）》

《数据安全治理能力评估方法》为团体标准，由中国互联网协会牵头制定，2021 年发布，可指导电信行业、互联网企业数据安全治理能力建设，旨在帮助企业发现内部数据安全治理能力的不足，促进行业数据安全治理能力发展。

该标准以数据全生命周期的安全治理能力建设为切入点，关注数据安全治理要点和关键环节的建设情况，梳理治理能力级别并分级制定考核指标，以对电信行业、互联网企业的数据安全治理能力进行度量，为企业不断提升数据安全治理能力提供可操作的实施指南[3]，并作为 DSMM 配套文件为企业进行数据安全治理能力评估提供更加落地的实操性评估方法。

（1）评估实施过程

评估实施过程主要包括评估准备、评估执行和评估审核三个阶段，与评估对象的沟通和洽谈贯穿整个评估过程，如图 8-6 所示。

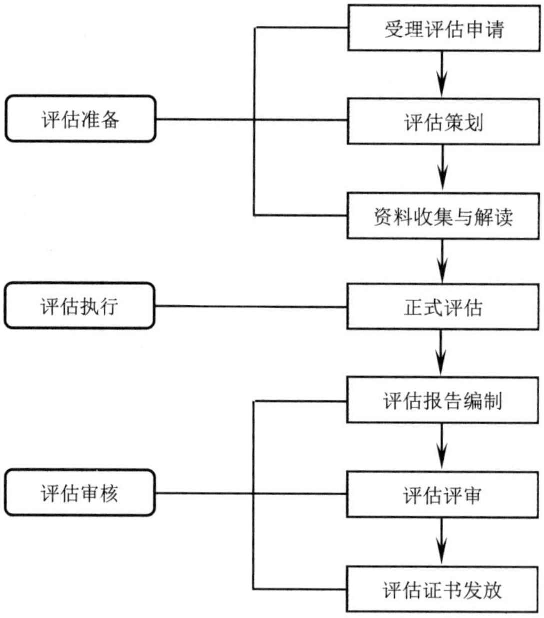

图 8-6　DSMM 评估实施过程

[3]　中国信息通信研究院，中国互联网协会. 数据安全治理能力评估方法标准解读.

（2）过程域与能力等级

数据安全治理能力评估方法作为 DSMM 的配套实施方法对于数据全生命周期的每一个过程域都作出了明确的说明，将 DSMM 的 30 个过程域缩减为 18 个过程域，并将原有的五级评估改为三级，对应的过程域也进行了评估方法说明。

下面以数据传输安全为例。

① 基础级

查验业务团队是否明确了负责本业务数据传输安全管理的岗位和人员。

查验是否在核心业务层级制定了数据传输安全相关制度文件。

查验该文件是否明确规定了数据传输的加密要求及加密方案。

查验该文件是否规定了传输通道两侧的身份鉴别与认证。

验证组织的技术工具：

- ❖ 是否支持对传输数据（尤其是敏感个人信息）、传输通道的加密。
- ❖ 是否支持对传输通道两侧的身份验证。

② 优秀级

查验组织是否设立了负责整体数据传输安全防护的部门、岗位和人员。

查验是否在组织层级制定了数据传输安全相关制度文件：

- ❖ 查验该文件的制定是否结合了组织的数据分类分级策略，并明确提出相匹配的数据加密传输要求。
- ❖ 查验该文件是否对组织内、外的传输场景进行了区分，并规定了差异化的加密措施。
- ❖ 查验该文件是否定义了传输策略变更的审批机制。
- ❖ 查验该文件是否明确了数据跨境传输的管理要求，以符合国家规定和监管要求。

查验是否在组织层级制定了数据传输接口安全管理规范：

- ❖ 查验该文件是否规定了新增接口、变更接口、废弃接口等的处理流程。
- ❖ 查验该文件是否定义了传输流程的技术管控及安全防护措施。

- ❖ 查验该文件是否规定了接口梳理的工作制度。
- ❖ 查看该文件是否规定了对涉及个人信息传输的接口应实施调用的监控制度。

查验组织的技术工具：

- ❖ 是否支持对接口调用的监控，尤其是涉及个人信息传输的接口，包括权限控制、流量监控、调用过载保护等。
- ❖ 是否支持接口调用的自动化的日志记录。
- ❖ 是否支持定期对接口权限控制等相关功能的安全评估。
- ❖ 是否支持多种加密算法。
- ❖ 是否支持系统间接口的身份鉴别与认证。
- ❖ 是否支持对传输通道缓存的自动删除。

验证组织的人员能力：通过访谈、查验培训记录、查验考试记录或查验相关人员制定的解决方案等方式，验证组织的人员具备相应的能力。

③ 先进级

查验组织是否明确了数据传输安全防护效果的量化评估方式：

- ❖ 是否定义了传输数据、传输通道加密效果的量化评估指标。
- ❖ 是否规定了传输数据、传输通道加密效果的量化评估频率。

查验组织是否明确了传输方案的优化制度。

查验相关数据安全传输制度文件是否明确了密钥全生命周期管理的相关要求。

查验组织的技术工具：

- ❖ 是否实现了分数据类型、分重要级别的数据加密模块。
- ❖ 是否实现了全链路的数据流转监控体系。
- ❖ 是否支持数据传输过程的安全问题的自动发现及处理。

（3）数据安全治理能力要求和评估方法

该标准描述了各类数据治理活动及其相关平台应遵循的数据安全治理能力的要求和评估方法，规定的数据安全治理能力包括数据安全战略、数据全生命周期安全、基础安全三部分。

首先是数据安全战略。评估重点在于顶层规划，强调为数据安全治理能力的建设搭框架、配人手，其中包括数据安全规划和机构人员管理两个能力项。数据安全规划是根据数据安全风险状况建立组织整体数据安全的规划，基础级应当设置相应岗位和人员，以确保规划的推动落地实施，且通过制度流程来进行核心业务的规划。机构人员管理是建立负责组织内部数据安全工作的部门、岗位和人员，并与人力资源管理部门进行联动，防范机构人员管理过程中存在的数据安全风险。基础级强调了相应岗位的设置，建立该岗位执行落地的相关流程，确保人员具备了解数据安全在组织整体业务中的定位，同时定期对人员进行培训。

其次是数据全生命周期安全，这是标准的主体内容，如图 8-7 所示[4]，从数据全生命周期的各环节说明评估重点。

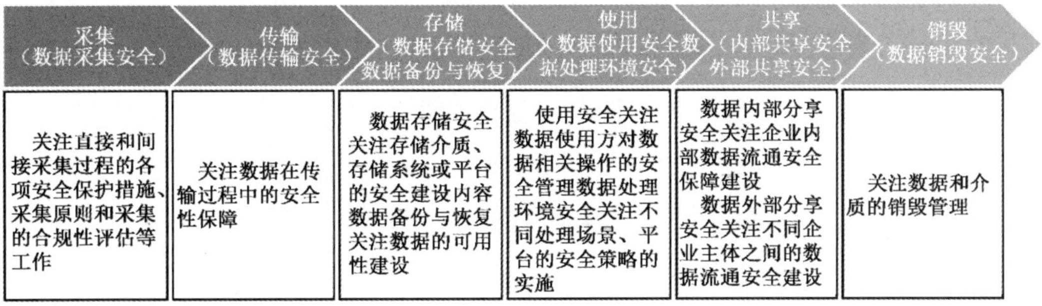

图 8-7　数据全生命周期安全（源自：中国信通院）

数据采集安全是指为确保在组织系统中生成新数据，或者从外部收集数据过程的合法、合规及安全性而采取的措施。主要关注的是直接和间接采集过程中的各项安全保护措施，以及是否开展了相应的合规性评估工作，也从组织建设角度明确了负责采集安全工作的团队以及职责。

数据传输安全是指为防止传输过程中的数据泄露，而采取的一系列数据加密保护措施和安全防护措施，主要评估数据从采集端到存储端之间的传输过程是否安全，是否对传输通道两端的身份进行过验证，是否对传输内容进行过加密等。

[4]　中国信息通信研究院，中国互联网协会．数据安全治理能力评估方法标准解读．

数据存储安全是指为确保存储介质上的数据安全而采取的一系列措施，评估存储平台等载体的安全建设，以及数据的备份与恢复情况以确保数据的可用性，也明确说明了应当在数据分类分级基础上进行相应的加密要求。

数据使用安全是指为保障在组织内部对数据进行计算、分析、可视化等操作过程的安全性而采取的措施，主要评估基于数据分类分级的不同数据使用审批流程及数据处理环境安全。

数据共享安全分为内部共享安全和外部共享安全。内部共享安全是指为确保组织内部之间的数据交互过程安全而采取的措施。外部共享安全是指为确保不同组织之间的数据交互过程安全而采取的措施。内部共享安全关注企业内部数据流通安全保障建设，外部共享安全关注不同企业主体之间数据流通安全建设。二者均对评估、监控、脱敏、溯源等提出了一定要求。

数据销毁安全是指通过对数据及其存储介质实施相应的操作手段，使得数据彻底消除且无法通过任何手段恢复。数据销毁安全关注数据及介质的销毁和验证，评估负责销毁的团队职责、销毁的方法及工具、销毁过程的监督以及销毁效果的评估。

最后是基础安全。基础安全能力作为数据全生命周期安全建设能力的基本支撑，可在多个生命周期环节内复用，是整个数据安全治理体系建设的通用要求。基础安全可实现建设资源的有效整合，如图 8-8 所示，包含数据分类分级、合规管理、合作方管理、监控审计、鉴别与访问、风险和需求分析、安全事件应急七个控制域。

数据分类分级，是指根据法律法规以及业务需求，制定内部的数据分类分级原则及方法，进而对数据进行分类分级标识，以实现差异化的数据安全管理。数据分类分级的评估侧重分类分级的原则和方法、结果清单以及不同的安全保护策略。

合规管理，是指根据具体业务需求以及相应的场景，基于法律法规要求，制定相应的管理措施以降低组织面临的合规风险。合规管理主要评估企业数据安全建设是否符合国家法律法规、行业监管指引等的要求。

数据分类分级	合规管理	合作方管理	监控审计	鉴别与访问	风险和需求分析	安全事件应急
关注分类和分级的原则、方法、结果清单，以及不同的安全保护策略等	关注企业数据安全建设是否符合国家法律法规、行业监管指引等的要求	关注企业对合作伙伴、合作驻场人员的各项安全管理要求	关注数据安全周期的流动行为，以及人员对数据的操作行为	关注企业人员的账号管理、访问权限控制的建设情况	关注企业发展过程中面临的数据安全需求分析和风险控制	关注数据安全事件的定义、分级、响应处置、上报等工作

图 8-8　基础安全

合作方管理，是指通过建立组织的合作方管理机制，防范组织对外合作中的数据安全风险。合作方管理的评估侧重企业对合作伙伴、合作驻场人员的各项安全管理要求。

监控审计，是指通过建立监控及审计的工作机制，有效防范不正当的数据访问和操作行为，降低数据全生命周期未经授权的访问、滥用、泄露等安全风险。监控审计一方面关注数据本身在全生命周期的流动行为，另一方面关注人员对数据的操作行为。

鉴别与访问，是指用户身份鉴别与访问控制管理，是基础的数据安全保障。鉴别与访问主要关注企业人员的账号管理、访问权限控制的建设情况。

风险和需求分析，是指根据组织面临的具体数据安全风险和安全需求，提出针对性的防护措施和改进措施，将风险控制在可接受的水平，最大程度地保障数据安全，要求企业能根据业务场景，适时开展需求分析和风险评估工作。风险和需求分析的评估重点为企业发展过程中面临的数据安全需求分析及风险控制问题。

安全事件应急，是指通过建立数据安全应急响应体系，确保在发生数据安全事件后能够及时止损，保障业务的安全和稳定运行。安全事件应急主要评估数据安全事件的定义、分级、响应处置、上报等工作的开展。

《数据安全治理能力评估方法》适用于电信行业和互联网行业等企业开展数据治理工作，为其数据安全治理能力评估提供参考和指引。

二、国家建立数据安全风险评估、报告、共享、监测预警机制

第二十二条 国家建立集中统一、高效权威的数据安全风险评估、报告、信息共享、监测预警机制。国家数据安全工作协调机制统筹协调有关部门加强数据安全风险信息的获取、分析、研判、预警工作。

数据是国家基础战略资源和重要的生产要素。在网络安全逐步强化数据安全的需求下，国家层面需要统筹考虑数据安全风险的报告、共享、监测和预警，才能为国家的数据安全奠定良好的基础。

正如工业和信息化部此前开展数据安全的监督检查，结合基础电信企业安全考核、“双随机一公开”检查等监管手段，建立健全行业的投诉举报受理机制，督促企业落实数据安全保护义务。研究建立行业数据安全态势监测和通报机制，完善风险信息分析、研判和处置能力建设。

“双随机一公开”监管是指工业和信息化部对随机抽查事项进行行政执法检查时，随机抽取检查对象、随机选派执法检查人员，及时公开抽查情况和结果。[5] 自 2019 年起，“双随机一公开”着重加入数据安全方面的考察。图 8-9 为 2020 年检查结果，违法项包含了数据安全管理制度、数据安全技术保障措施等不符合相关法律规定。

“双随机一公开”的数据安全方面检查可以提供全面的各行业的数据安全能力和风险研判，以及进一步的风险监测。

三、重要数据处理者进行数据安全风险评估

第三十条 重要数据的处理者应当按照规定对其数据处理活动定期开展风险评估，并向有关主管部门报送风险评估报告。

风险评估报告应当包括处理的重要数据的种类、数量，开展数据处理活动的情况，面临的数据安全风险及其应对措施等。

[5] 《工业和信息化部“双随机一公开”监管实施办法》第二条.

工业和信息化部网络安全管理局2020年“双随机一公开”检查结果公示

发布时间：2021-01-05 11:51　　来源：网络安全管理局

为贯彻落实《中华人民共和国网络安全法》，以及《中华人民共和国电信条例》《通信网络安全防护管理办法》《电信和互联网用户个人信息保护规定》《电话用户真实身份信息登记规定》等电信和互联网行业网络安全相关法律法规，按照《国务院办公厅关于推广随机抽查规范事中事后监管的通知》《工业和信息化部“双随机一公开”监管实施办法》等相关要求，2020年，工业和信息化部网络安全管理局组织对部分电信和互联网企业、域名机构的网络安全防护工作情况、网络与信息安全责任落实情况、网络数据安全保护责任及管理措施落实情况、电话用户真实身份信息登记情况等开展随机抽查。

本次抽查共发现49家电信和互联网企业、域名机构不同程度存在违规情况，均已向各企业反馈检查问题，明确检查整改要求并要求限期完成整改。现将检查结果进行公示。

联系电话：66011285

企　业	违规情况
北京青云科技有限公司	业务系统未开展定级备案、符合性评测和安全风险评估工作 业务系统部分配置未满足相应等级通信网络安全防护标准有关要求
深圳金蝶云计算有限公司	业务系统未开展定级备案 业务系统部分配置未满足相应等级通信网络安全防护标准有关要求
紫光云技术有限公司	业务系统未开展定级备案、安全风险评估工作 业务系统部分配置未满足相应等级通信网络安全防护标准有关要求
北京容联易通信息技术有限公司	业务系统未开展定级备案、符合性评测工作
华云数据控制集团有限公司	业务系统部分配置未满足相应等级通信网络安全防护标准有关要求
北京神州数码云计算有限公司	互联网信息安全管理系统功能和性能不符合电信管理部门和相关标准要求
上海蛙扑网络技术有限公司	数据安全技术保障措施不符合相关法律法规要求
深圳市阿卡索资讯股份有限公司	数据安全技术保障措施不符合相关法律法规要求
湖北亿咖通科技有限公司	数据安全技术保障措施不符合相关法律法规要求
重庆长安车联科技有限公司	数据安全技术保障措施不符合相关法律法规要求
北京融世纪信息技术有限公司	数据安全管理制度、技术保障措施不符合相关法律法规要求
杭州淘粉吧网络技术有限公司	数据安全管理制度、技术保障措施不符合相关法律法规要求
上海享图网络科技有限公司	数据安全管理制度、技术保障措施不符合相关法律法规要求

图 8-9　2020 年“双随机一公开”检查结果

进行数据处理活动的定期安全风险评估的适用前提是重要数据的处理者。重要数据的识别参见本书第 7 章。

数据安全风险评估方法可参考 DSMM 数据安全成熟度模型对于数据安全风险定义的评估方法进行评估，如图 8-10 所示。

能力等级	公共特征	能力维度	过程域	PA01 数据安全策略与规程			
			基本实践	组织建设（BP.010.01）	制度流程（BP.010.02 BP.010.03 BP.010.04 BP.010.05）	技术工具（BP.010.06）	组织建设（BP.010.07 BP.010.08）
能力等级 2	公共特征 2.1 规划执行	GP 2.1.1 组织建设		☑			
		GP 2.1.2 制度流程			☑		
		GP 2.1.3 技术工具				☑	
		GP 2.1.4 人员能力					☑
	公共特征 2.2 规范化执行	GP 2.2.1 组织建设		☑			
		GP 2.2.2 制度流程			☑		
		GP 2.2.3 技术工具				☑	
		GP 2.2.4 人员能力					☑
	公共特征 2.3 验证执行	GP 2.3.1 组织建设		☑			
		GP 2.3.2 制度流程			☑		
		GP 2.3.3 技术工具				☑	
		GP 2.3.4 人员能力					☑
	公共特征 2.4 跟踪执行	GP 2.4.1 组织建设		☑			
		GP 2.4.2 制度流程			☑		
		GP 2.4.3 技术工具				☑	
		GP 2.4.4 人员能力					☑

图 8-10　数据安全风险评估

数据安全风险评估的配套实践方法：各过程域中，四个能力维度（组织建设、制度流程、技术工具和人员能力）的基本实践只需根据通用实践中每个成熟度等级的公共特征所对应的能力维度进行评估。例如，组织制度下的基本实践基于通用实践中公共特征的组织制度的要求进行评估。详细评估方法见本书第 10 章的数据安全保护义务和制度建设。

数据安全风险评估报告可参考《移动互联网数据安全蓝皮报告》中关于数据安全风险评估的内容。该报告指出，企业应从组织建设、制度流程、技术工具、人员能力等方面开展整体数据安全保护水平评估并出具报告。报告内容包括但不限于数据安全制度建设、分类分级、应急响应等。企业应将数据安全合规性评估作为数据安全管理的重要内容和抓手，按照“谁运营、谁主管、谁负责”

原则，从组织建设、制度流程、技术工具、人员能力等方面开展企业整体数据安全保护水平评估，并形成评估报告。评估报告中应包括评估对象基本情况、评估流程、评估要点对标情况、保障措施配备情况与佐证材料说明、问题分析和改进措施等[6]，结合数据安全法的要求，明确说明处理的重要数据的种类、数量，以及开展数据处理活动。

基于本章的分析，数据安全风险评估在我国实践操作中还处于起步阶段，国家和各方已经通过标准文件、政策支持等推行数据安全风险评估，提供评估内容和等级说明，以此作为重要数据处理者应当贯彻理解的法律规定与标准内容，并据此对重要数据的处理进行评估，定期出局评估报告。

[6] 中国信息通信研究院．移动互联网数据安全蓝皮书报告．

第 9 章

数据安全审查制度

数据安全审查制度与数据分类分级制度、数据安全评估制度等制度共同作为《数据安全法》第三章架构的安全制度。其中，数据安全制度重点对影响国家安全的数据活动进行数据安全审查。结合前文对《数据安全法》和《网络安全法》之间的配套衔接和相互关系的分析，《数据安全法》中的数据安全审查与网络安全审查存在不同。由于《数据安全法》对《网络安全法》中的“数据”部分进行了补充和细化，因此数据安全审查在一定程度上是对网络安全审查的一种补充和配套。近期一些企业受到网络审查的事例也提醒广大互联网企业，在进行数据处理活动时，应当按照相关法规的要求，谨慎记录数据处理活动，对自身提供的产品、服务中涉及的数据活动进行有组织、有分工的审核，必要时应及时与监管部门沟通，以便确保触发数据安全审查要件时可以及时履行有关申报的义务。

《数据安全法》相关法条

第二十四条 国家建立数据安全审查制度，对影响或者可能影响国家安全的数据处理活动进行国家安全审查。

依法作出的安全审查决定为最终决定。

参考案例

2021 年 7 月 2 日，网信中国发布《网络安全审查办公室关于对“滴滴出行”启动网络安全审查的公告》。

网络安全审查办公室表示，为防范国家数据安全风险，维护国家安全，保障公共利益，依据《国家安全法》和《网络安全法》，网络安全审查办公室按照《网络安全审查办法》，对“滴滴出行”实施网络安全审查。为配合网络安全审查工作，防范风险扩大，审查期间“滴滴出行”停止新用户注册。

滴滴回应表示，“将积极配合网络安全审查。审查期间，我们将在相关部门的监督指导下，全面梳理和排查网络安全风险，持续完善网络安全体系和技术能力。”

2021 年 7 月 5 日，国家互联网信息办公室官网发布公告，网络安全审查办公室宣布对“运满满”“货车帮”“BOSS 直聘”启动网络安全审查。

解读分析

一、对滴滴启动的网络安全审查依据

根据国家互联网信息办公室的通告，对滴滴的审查主要是基于《国家安全法》《网络安全法》和《网络安全审查办法（修订草案征求意见稿）》（2021 年 7 月 10 日发布）。

《国家安全法》规定：

> **第五十九条** 国家建立国家安全审查和监管的制度和机制，对影响或者可能影响国家安全的外商投资、特定物项和关键技术、网络信息技术产品和服务、涉及国家安全事项的建设项目，以及其他重大事项和活动，进行国家安全审查，有效预防和化解国家安全风险。

《网络安全法》规定：

> **第三十五条** 关键信息基础设施的运营者采购网络产品和服务，可能影响国家安全的，应当通过国家网信部门会同国务院有关部门组织的国家安全审查。

《网络安全审查办法（修订草案征求意见稿）》规定：

> **第二条** 关键信息基础设施运营者（以下简称运营者）采购网络产品和服务，数据处理者（以下称运营者）开展数据处理活动，影响或可能影响国家安全的，应当按照本办法进行网络安全审查。

滴滴被启动网络安全审查后，关于滴滴是否被纳入关键基础设施运营者的猜测不绝于耳，实际上根据《国家安全法》的要求，并没有限制监管部门只有对关键基础设施运营者才能启动网络安全审查，应当还包括“对影响或者可能影响国家安全的网络信息技术产品和服务、涉及国家安全事项的建设项目，以及其他重大事项和活动”，但这在相对《数据安全法》更早颁布的《网络安全法》和相关审查办法中并没有做进一步明确。因此，《网络安全审查办法（修订草案征求意见稿）》把《数据安全法》作为网络安全审查的依据，把数据处理者作为网络安全审查对象。

国家互联网信息办公室于 2021 年 11 月 14 日发布《网络数据安全管理条例（征求意见稿）》，明确把数据安全审查纳入网络安全审查的范围，同时明确了“影响或可能影响国家安全的”情况。

第一条 为了规范网络数据处理活动，保障数据安全，保护个人、组织在网络空间的合法权益，维护国家安全、公共利益，根据《中华人民共和国网络安全法》《中华人民共和国数据安全法》《中华人民共和国个人信息保护法》等法律，制定本条例。

第二条 在中华人民共和国境内利用网络开展数据处理活动，以及网络数据安全的监督管理，适用本条例。

在中华人民共和国境外处理中华人民共和国境内个人和组织数据的活动，有下列情形之一的，适用本条例：

（一）以向境内提供产品或者服务为目的；

（二）分析、评估境内个人、组织的行为；

（三）涉及境内重要数据处理；

（四）法律、行政法规规定的其他情形。

自然人因个人或者家庭事务开展数据处理活动，不适用本条例。

第十三条 数据处理者开展以下活动，应当按照国家有关规定，申报网络安全审查：

（一）汇聚掌握大量关系国家安全、经济发展、公共利益的数据资源的互联网平台运营者实施合并、重组、分立，影响或者可能影响国家安全的；

（二）处理一百万人以上个人信息的数据处理者赴国外上市的；

（三）数据处理者赴香港上市，影响或者可能影响国家安全的；

（四）其他影响或者可能影响国家安全的数据处理活动。

大型互联网平台运营者在境外设立总部或者运营中心、研发中心，应当向国家网信部门和主管部门报告。

二、《网络安全法》与《数据安全法》的关系

《网络安全法》与《数据安全法》作为《国家安全法》的下位法，总体上组成了国家安全在信息网络层面的要求体现，构建了我国对安全治理的多层次法律框架。三部法律的内容均较为宏观，具体上可直接对照使用的条款并不多，需要由配套的、具体的管理细则约束。

随着《网络安全法》的实施，企业在获取信息、进行数据分析方面的需求与实力日渐凸显，针对关键基础设施运营者做出网络安全审查越来越严格。正是在这个背景下，作为《数据安全法》配套细则之一，《网络安全审查办法》在《数据安全法》正式实施前同步把数据处理者纳入监管对象是必要之举。

《网络安全法》与《数据安全法》虽然都在国安法所规定的框架下，但是分析二者的内容可以发现，两者的对象并不相同:《数据安全法》审查的对象为“影响或可能影响国家安全的数据活动，既包括线上的数据活动，也包括线下的数据活动”，其对象主体是广泛的、具有现实意义的；而《网络安全法》审查的对象为“关键信息基础设施运营者、网络平台运营者”，审查针对的是“采购网络产品和服务”以及“数据处理活动”。

《数据安全法》对与数据相关的安全领域做了扩充，并对数据处理单独作为一种重要行为进行约束。例如，《数据安全法》中对数据出境、自由流动的态度做了明确，进一步强调数据安全审查结果是“最终决定”。最终决定意味着一锤定音，不能通过行政复议或申诉来改变。

另外，《数据安全法》明确：中央国家安全领导机构负责国家数据安全工作的决策和议事协调，研究制定、指导实施国家数据安全战略和有关重大方针政策，统筹协调国家数据安全的重大事项和重要工作，建立国家数据安全工作协调机制。并在第六条明确各地区、各部门对本地区、本部门工作中收集和产生的数据及数据安全负责。工业、电信、交通、金融、自然资源、卫生健康、教育、科

技等主管部门承担本行业、本领域数据安全监管职责。公安机关、国家安全机关等依照本法和有关法律、行政法规的规定，在各自职责范围内承担数据安全监管职责。

从上面的比较可以看出，《数据安全法》进一步加强了国家的中央机构层面对重要数据管理的决策和协调职能，面对“九龙治水”的多头管理局面，在行业属性管理的基础上，增强了国家机关的监管地位。

三、网络安全审查与数据安全审查的关系

网络安全审查和数据安全审查是依据《国家安全法》针对国家安全的两项制度，其审查对象不同，前者针对的是关键基础设施运营者采购网络产品和服务影响或可能影响国家安全的情形，后者针对的是影响国家安全的数据处理活动。

《网络安全审查办法》经2021年11月16日国家互联网信息办公室2021年第20次室务会议审议通过，并经国家发展和改革委员会、工业和信息化部、公安部、国家安全部、财政部、商务部、中国人民银行、国家市场监督管理总局、国家广播电视总局、中国证券监督管理委员会、国家保密局、国家密码管理局同意进行公布，自2022年2月15日起施行。

> **第一条** 为了确保关键信息基础设施供应链安全，保障网络安全和数据安全，维护国家安全，根据《中华人民共和国国家安全法》、《中华人民共和国网络安全法》、《中华人民共和国数据安全法》、《关键信息基础设施安全保护条例》，制定本办法。
>
> **第二条** 关键信息基础设施运营者采购网络产品和服务，网络平台运营者开展数据处理活动，影响或者可能影响国家安全的，应当按照本办法进行网络安全审查。前款规定的关键信息基础设施运营者、网络平台运营者统称为当事人。

第七条 掌握超过100万用户个人信息的网络平台运营者赴国外上市，必须向网络安全审查办公室申报网络安全审查。

第十条 网络安全审查重点评估相关对象或者情形的以下国家安全风险因素：

（一）产品和服务使用后带来的关键信息基础设施被非法控制、遭受干扰或者破坏的风险；

（二）产品和服务供应中断对关键信息基础设施业务连续性的危害；

（三）产品和服务的安全性、开放性、透明性、来源的多样性，供应渠道的可靠性以及因为政治、外交、贸易等因素导致供应中断的风险；

（四）产品和服务提供者遵守中国法律、行政法规、部门规章情况；

（五）核心数据、重要数据或者大量个人信息被窃取、泄露、毁损以及非法利用、非法出境的风险；

（六）上市存在关键信息基础设施、核心数据、重要数据或者大量个人信息被外国政府影响、控制、恶意利用的风险，以及网络信息安全风险；

（七）其他可能危害关键信息基础设施安全、网络安全和数据安全的因素。

第十六条 网络安全审查工作机制成员单位认为影响或者可能影响国家安全的网络产品和服务以及数据处理活动，由网络安全审查办公室按程序报中央网络安全和信息化委员会批准后，依照本办法的规定进行审查。

为了防范风险，当事人应当在审查期间按照网络安全审查要求采取预防和消减风险的措施。

《网络数据安全管理条例（征求意见稿）》面向“任何个人和组织”，针对“在中华人民共和国境内利用网络开展数据处理活动，以及网络数据安全的监督管理”，实际是对《数据安全法》的细化。

与《网络安全审查办法》相比，《网络数据安全管理条例（征求意见稿）》在申报网络安全审查的义务人和范围方面有显著不同。

首先，《网络数据安全管理条例（征求意见稿）》把“数据处理者”作为网络安全审查的申报主体，不是使用《网络安全法》中的“关键信息基础设施运营者”。不过，二者并非替代的关系，根据《网络数据安全管理条例（征求意见稿）》第一条，说明《网络安全法》仍然是《网络数据安全管理条例（征求意见稿）》的上位法，只是对于“数据处理者”进行网络安全审查的细化，是对审查范围的补充。

其次，《网络数据安全管理条例（征求意见稿）》保留了《网络安全审查办法》中对“赴国外上市”的申报要求，还重点对“影响或者可能影响国家安全的”情况进行了补充。同时，部分“互联网平台运营者”掌握了大量的个人信息和可能涉及国家安全、公共利益的重要数据，针对一旦在合并、分立、解散等情况中被泄露或者非法共享、使用，可能造成严重后果的情况，《网络数据安全管理条例（征求意见稿）》有明确的规定，反映了加强平台数据安全责任的监管趋势。

《网络安全审查办法》实际上也把数据处理作为网络安全审查的部分含义放在了条款中，如第十六条。但没有在定义或者范围中做出明确将数据处理作为网络安全审查的一部分，对当前形势下的网络安全审查有应对不足之感。

而《网络数据安全管理条例（征求意见稿）》第十三条则明确，数据安全审查纳入网络安全审查。

四、企业合规启发

本次宣布启动网络安全审查，距离滴滴上市不足 48 小时，以及紧接着对“运满满”和“货车帮”等公司启动安全审查，给国内企业的数据安全、网络安全合规提供了前车之鉴。企业在今后涉及网络、数据领域的业务开展中，应当首先判断自己的业务是否落入国家安全的范围，并区分是网络安全相关业务还是数据安全的相关管辖范围；结合自身实际情况，梳理业务线，特别是可能涉及的重要数据、处理用户的数据体量、是否存在出境等情况，要逐一对照；并且就数据与个人信息、个人隐私的划分要结合相应的场景，诸如跨境传输、涉外投资、汽车、金融、医疗等对数据的管理已有明确特殊规定，未来一段时间内相信立法或者监管部门会针对《数据安全法》中有关内容制定配套细则来落实。企业合规、法务人员需要密切关注相关的要求。

同时，本次事件也提醒我们，《数据安全法》实施后，不论企业是否是关键基础设施运营者，在进行数据处理活动中，谨记就相关文件、协议进行考虑，包括针对利用提供产品和服务的便利条件获取用户数据，存储或者提供的技术支持服务等涉及数据活动，进行有组织、有分工的审核，必要时会同行业监管部门、网信部门、专业机构对相关细节进行论证，以便在确保触发数据安全审查要件时，及时履行有关申报的义务。

数据安全审查是世界范围内立法的大势所趋，不限于国内，所以企业合规需要观察国际视野下的数据安全审查要求。

20 年前，美国率先在国家安全系统中对采购的产品进行包括数据内容在内的安全审查，对联邦相关的云计算服务、供应链服务采购中的安全系统做审查，审查内容包括产品本身、危害评估和服务供应商的资质等。近年来，美国更是以数据安全、个人信息等为由在本国的出口管制清单、外国公司并购审查中进行安全审查，并起到积极作用。

例如，2018 年美国出台《澄清境外数据的合法使用法案》，为美国执法机构管辖在美国境内运营的企业存储在海外的用户数据提供授权，形成了数据长臂管辖。这一系列措施逐步建立起美国的数据安全审查制度。又如，澳大利亚在电信相关领域建立了类似制度。

所以，《数据安全法》中提出的对等反制措施也是在相应的世界环境背景下设立的。企业在做合规的时候不仅需要关注国内数据安全审查的要求，在涉及境外相关业务时，也要对目标国的数据安全审查提前了解和研判。

第 10 章 数据安全保护义务与制度建设

《数据安全法》所构建的安全制度中，安全保障义务的主要承担者是企业和监管部门。企业作为数据处理活动的直接责任者，《数据安全法》第二十七条明确了企业的安全保障义务，要求企业建立数据安全管理制度，在等级保护制度基础上落实数据安全保护义务，重要数据处理者需要把数据安全责任落实到具体的数据安全负责人和管理机构上。具体来说，企业可以从整体管理、人员培训、技术措施等方面入手构建内部数据安全保护制度。在《数据安全法》的要求下，数据安全部分应从网络安全当中重点提出，将数据处理活动拆解，并依照相关规定，逐项检查所在企业的数据安全保护义务和制度建设是否完善。

《数据安全法》相关法条

第二十七条 开展数据处理活动应当依照法律、法规的规定，建立健全全流程数据安全管理制度，组织开展数据安全教育培训，采取相应的技术措施和其他必要措施，保障数据安全。利用互联网等信息网络开展数据处理活动，应当在网络安全等级保护制度的基础上，履行上述数据安全保护义务。重要数据的处理者应当明确数据安全负责人和管理机构，落实数据安全保护责任。

参考案例

一、中国联通集团数据安全保护义务与制度建设实践

中国联通按照《网络安全法》和《电信和互联网用户个人信息保护规定》等国家法律法规以及行业的数据安全要求，依据“数据安全是生命线、安全事件零容忍、敏感数据不出门”的安全原则，结合多年数据安全管理、技术防护与运营的实际经验，从数据安全管理体系、数据安全技术体系、数据安全运营体系三方面构建了数据安全防护体系，涵盖数据采集、传输、存储、加工、交换、销毁等数据全生命周期，如图 10-1 所示，实现了职责清晰化、管理规范化、防护智能化、运营精细化，切实保障联通用户个人信息安全。

从《数据安全法》第二十七条规定的核心要点之数据安全管理制度和技术措施或其他必要措施来看，中国联通集团的数据安全实践体现出如下实践经验。

1. 数据安全管理制度体系

中国联通集团根据公司现状建立了公司的安全制度体系，包括基础安全管理、业务安全管理和数据安全管理。在数据安全管理制度支撑下，同时建立了数据安全技术体系。

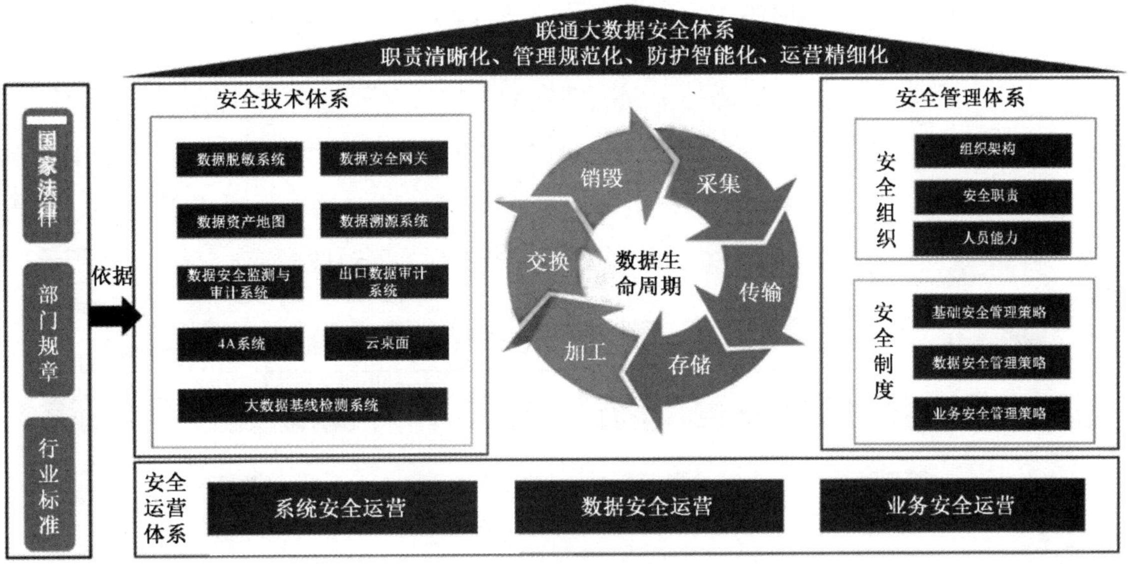

图 10-1　中国联通数据安全体系整体框架[1]

2. 数据安全技术措施以及其他运营措施

中国联通集团围绕数据全生命周期，开发了数据安全技术体系产品与工具，覆盖了事前、事中、事后。具体能力包括：

一是数据资产地图，动态跟踪和管理数据资产信息；二是数据脱敏系统，实现敏感数据使用安全，对表字段进行数据分类分级，进而对敏感的数据字段进行加密与脱敏；三是统一账号认证授权审计系统，实现数据入口访问安全；四是数据安全监测与审计系统，保障数据操作行为的安全，提出以零信任为模型，以数据操作行为为核心，对日志类数据进行追踪和分析；五是云桌面系统，实现数据操作安全，确保在云桌面内数据可读可操作，但是无法下载，防泄露；六是数据追踪溯源系统，基于数字水印技术，保护数据分发与传播安全；七是数据安全网关系统，该网关为对外数据输出的唯一出口，确保数据输出内容安全合规。

结合技术措施，通过精细化安全运营，提升安全管控的效果，如业务运营管控，进行业务安全事前审核具体评估风险，事中审核主要是合同审核，事后审核侧重对合同执行过程的审核与审计。

[1]　中国联通集团，中国信息通信研究院．数据安全治理实践指南．

二、蚂蚁集团数据安全保护义务和制度建设实践

蚂蚁集团与中国联通集团的实践路径上有所差异，在“制度+技术+运营”基础上，侧重数据本身对安全治理的作用以及通过安全基线和可衡量的指标来提升落地实践效果，总结出一套行之有效、覆盖数据处理全生命周期的数据安全复合治理管理模式，如图 10-2 所示。

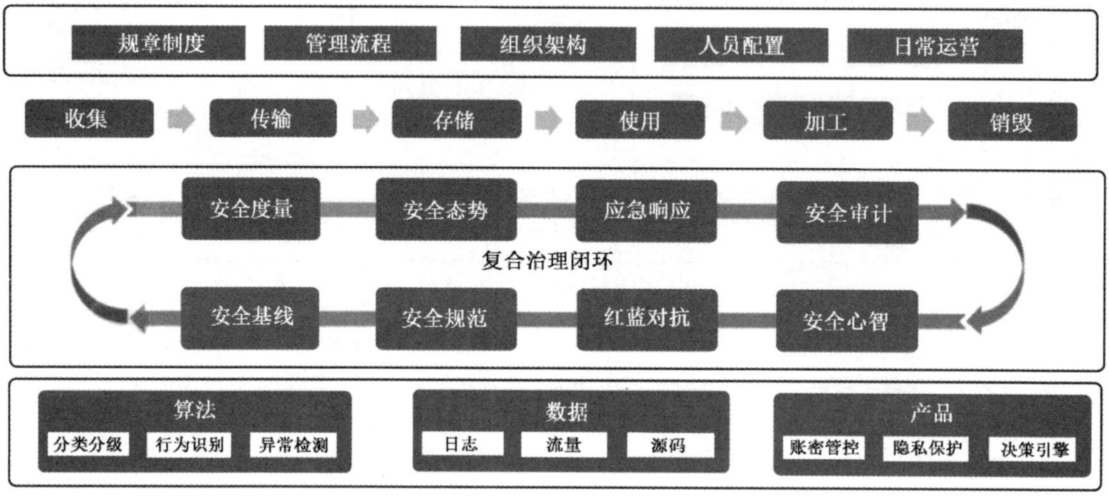

图 10-2　蚂蚁集团数据安全治理管理模型（来源：蚂蚁集团）

从《数据安全法》第二十七条的重点内容来看，其数据安全复合治理管理模式有如下重要的实践。

1．数据安全管理制度体系

数据安全规章制度、流程规范等是基于安全规范制订的，而安全规范是基于合规要求以及集团的安全战略，结合安全需求和态势的分析，进行制订的。安全规范如数据安全治理相关标准所述，从合规管理、资产管理、人员管理、数据处理生命周期管理、流程管理、教育培训管理等多个维度出发。

2．安全基线和安全度量可提升感知与安全防护意识

安全规范可以提炼为可规则化表达的安全基线，以指标化的形式阐述，并通过安全度量对人员、资产、业务等进行实时立体的度量和展现，提升各方安全防护意识。

3. 强化数据安全培训和教育

通过法规政策和制度体系的解读宣传、应知应会的教育考核、流程规范的引导说明等全流程建设，将被动的知识灌输转变为安全意识和能力的主动提升，帮助员工形成良好的安全心智。

解读分析

《数据安全法》第二十七条指出，企业开展数据处理活动需要建立数据安全管理制度，在等级保护制度基础上落实数据安全保护义务，重要数据处理者需要把数据安全责任落实到具体的数据安全负责人和管理机构上。

由此可见，《数据安全法》进一步体现并阐明了国家日益重视开展数据活动的主体是否有完善的数据安全制度，对于重要数据活动处理者在数据安全义务和制度建设上提出了明确的要求，为未完善数据安全制度建设的企业敲响了警钟。

我们可以看出该数据安全保护义务包括了三个层次：

① 履行该义务的方式之一是建立健全“数据安全管理制度”，组织开展数据安全教育培训，采取相应的技术措施和其他必要措施。

② 明确了针对利用互联网等信息网络开展数据处理活动，网络安全是数据安全的前提，利用互联网等信息网络开展数据处理活动的，应在网络安全等级保护制度的基础上履行数据安全保护义务。

③ 在《数据安全法》第二十七条的基础上划定了针对“重要数据处理者”的叠加的数据安全保护责任：设立数据安全负责人和管理机构，以落实数据安全责任。

一、数据安全管理制度、培训和技术措施

1. 数据安全制度体系建设

《数据安全法》出台后，企业应该把数据安全保护制度建设提上日程，建立健全数据安全保护制度建设已经刻不容缓，这里可以参

考《数据安全治理实践指南》中对于制度建设的指导方法，拆解为如下步骤。

（1）确定数据安全管理制度内容

设定数据安全制度前需要依据当前公司对外面临的数据安全合规风险（包括法律法规，如数据安全法、网络安全法）和对内的业务需求，来设定数据安全战略和规划，并以此为方向设定数据安全管理制度体系。

（2）设计数据安全制度文件体系

制度文件应当构成科学的数据安全制度文件体系，将数据安全战略通过逐级的制度文件转化为不同颗粒度的数据安全制度。如图10-3所示，制度层级可以分为四级。

一级文件是方针政策，是面向组织层面的方针和总则，如《数据安全管理总则》；二级文件是管理规定，侧重对一级方针政策的落实，如《对外数据输出管理办法》；三级文件是操作手册，即以操作流程或执行指南的方式落实二级制度，如《传输接口管理细则》；四级文件是各类表单，作为制度执行过程中产生的报表、记录、报告等文件，如《数据接口清单》。

在完成上面的常规制度体系建设后，根据数据全生命周期进行数据安全管理制度体系建设，按照《数据安全法》和相关义务要求完善组织各级文件建设，可以参考图10-4[2]来完善各级制度文件。

总体来说，《数据安全法》明确了开展数据处理活动的市场参与者应当建立完善的数据安全管理的相关规定，数据安全合规制度的建设和完善已经成企业应该履行的法律义务。《数据安全法》延续了《网络安全法》的规定，对于重要数据处理者提出了更高的法律要求，对于重要数据提出了更严格的数据保护要求。

（3）落地制度文件的管控流程

为保证各级数据安全管理制度的落实，基于数据安全管理制度体系的各级文件要求，应制定相应的执行流程规范及审核规范，可参考图10-5[3]制定和完善相应的数据安全管控流程。

[2] 中国信息通信研究院，许佼佼.《数据安全法》亮点解读.

[3] 中国信息通信研究院. 数据安全治理实践指南.

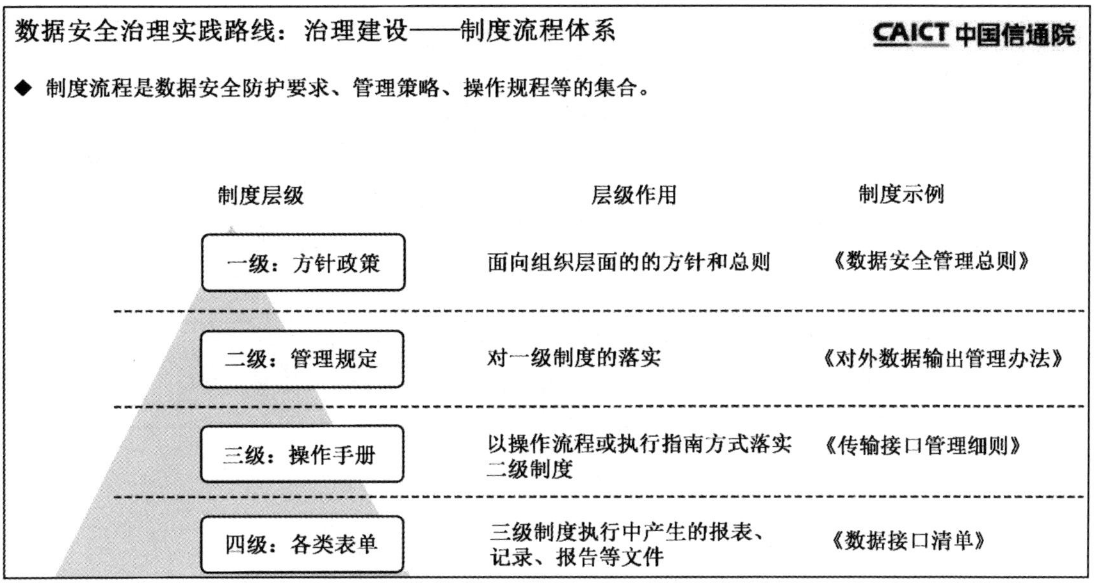

图 10-3　数据安全制度文件体系示意

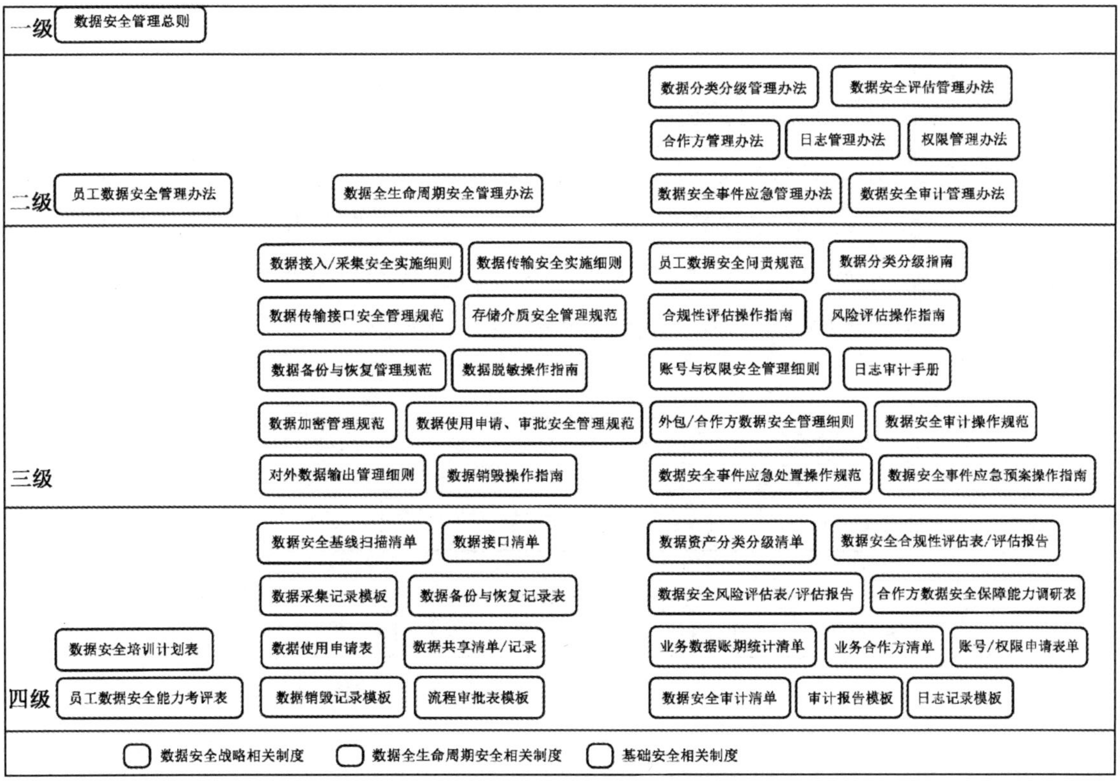

图 10-4　数据安全管理制度体系示意

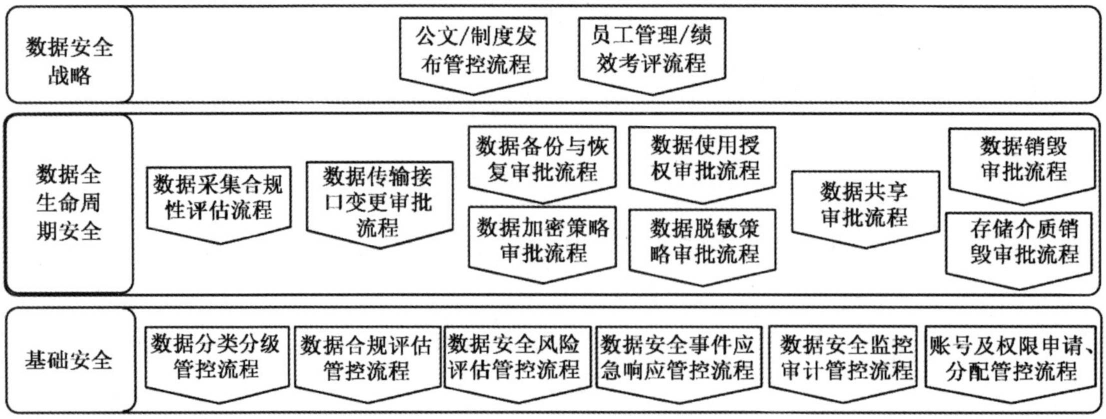

图 10-5　数据安全流程管控示意

2. 数据安全教育培训

数据安全落地实施离不开相应员工的行为。因此，企业应当基于数据安全战略和策略，设立相应的组织结构，再根据岗位职责设定能力要求，制定相应的培养计划，如图 10-6[4]所示。

针对日常进行数据处理的员工应当进行数据安全培训，提升数据安全意识，可以采取基础知识教授、安全事件演练、宣传月等活动方式，实现意识提升，警钟长鸣。针对数据安全管理和执行的专业岗位，针对岗位的工作内容，提供相应的专业知识培训，并且提供数据安全攻防等实战演练，提升实践能力。

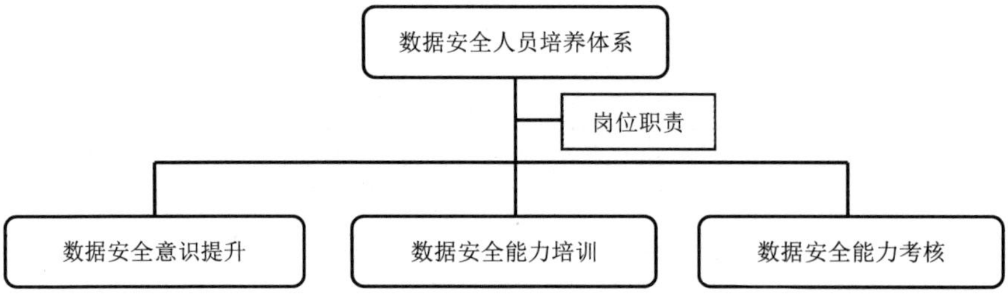

图 10-6　数据安全人员能力培养体系（来源：中国信通院）

[4]　中国信息通信研究院．数据安全治理实践指南．

3. 落地数据安全的技术措施

技术措施是除制度体系和流程管控之外最有效的落实数据安全保护义务的措施，可以通过技术工具的方式使数据安全治理更为有效且高效。《数据安全治理指南》是基于《数据安全治理能力评估办法》的三个层次数据安全战略、数据生命周期安全以及基础安全设计了体系化的技术工具，具体如图 10-7[5]所示。

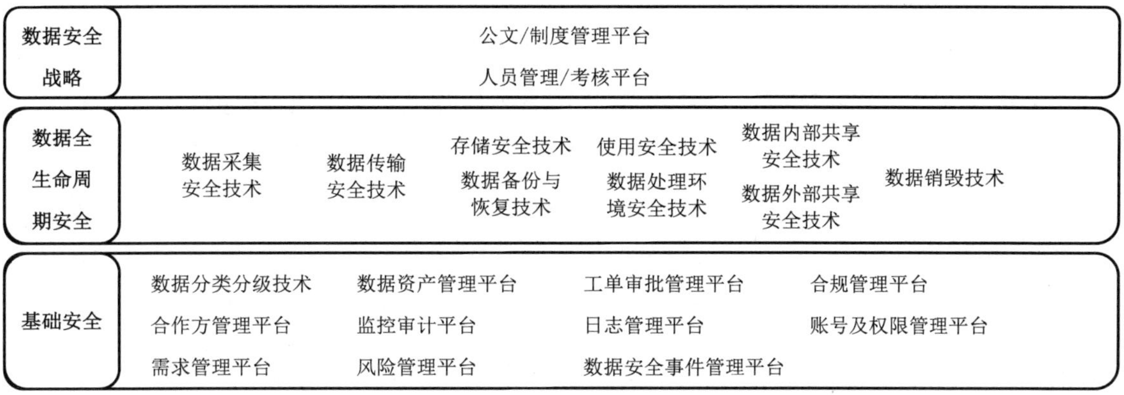

图 10-7　数据安全人员能力培养体系

例如，在数据全生命周期安全领域内，针对数据采集安全技术，可能开发的技术措施和工具包括：

① 采集数据源身份鉴别，有助于避免数据被他人截获，造成数据泄露。

② 敏感数据识别，有助于对敏感数据实施特殊保护，如加密。

③ 采集工具及防泄露部署，避免数据在采集侧发生泄露。

④ 采集过程监控及日志记录，以保证可进行实时风险策略监控以及后续的审计。

⑤ 采集合规性评估工具，通过工具手段保证采集合规评估的及时性、有效性和准确性等。

[5] 中国信息通信研究院．数据安全治理实践指南．

二、网络安全等保基础叠加的数据安全保护义务

针对通过信息网络来提供服务的企业，《数据安全法》厘清了网络安全和数据安全的关系：在网络安全等保基础上叠加数据安全保护义务。目前，很多企业从事数据安全治理的管理者还都停留在网络安全的逻辑层面，认为参照《信息安全技术网络安全等级保护基本要求》（GB/T 22239—2019）和《信息安全技术网络安全等级保护定级指南》（GB/T 22240—2020）和等保 2.0 系列标准等要求执行即可。

然而，企业从事数据处理活动，尤其是重要数据处理活动，就需要在网络安全的基础上强化数据安全的思维，应该在制度建设和义务履行上具有较完善的企业内部规章制度和管理组织。根据《数据安全法》的要求，相关从业者需要将数据处理活动拆解，逐项检查所在企业的数据安全保护义务和制度建设是否完善。在工业和信息化部已经开展的"双随机一公开"项目中，除了网络安全，也已经将数据安全等纳入考核范围内。例如，青云科技有限公司违法项为"业务系统未开展定级备案、符合性评测和安全评估工作；业务系统部分配置未满足相应等级通信网络安全防护标准有关要求"，杭州淘粉吧网络技术有限公司违法项为"数据安全制度、技术保障措施不符合相关法律法规要求"[6]。

三、重要数据处理者的数据安全负责人和管理机构

根据《数据安全法》的要求，企业应该通过数据安全负责人和管理机构，落实数据安全责任，其适用前提是作为重要数据的处理者（重要数据的识别见本书第 7 章）。在管理体系中，一般要求设定相应的组织架构，这是保证组织的战略和决策得以实施的重要条件之一。例如，数据安全能力成熟度模型中将组织建设与制度流程、技术工具和人员能力并列为四个关键能力维度。

数据安全治理中典型的组织架构如图 10-8[7]所示。

[6] 工业和信息化部网络安全管理局 2020 年"双随机一公开"检查结果公示. https://www.miit.g**.cn/jgsj/waj/xyaqgl/art/2021/art_126d93c97aa74505b4d712031b477042.html.

[7] 中国信息通信研究院. 数据安全治理实践指南.

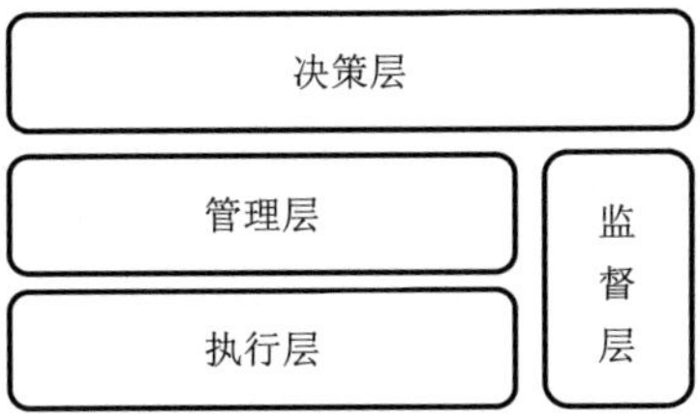

图 10-8　数据安全治理中典型的组织架构（来源：中国信通院）

决策层一般是数据安全领导团队，由企业的高层管理者组成，制定企业的数据安全整体目标、规划以及发布重要制度，同时负责重大安全事件的决策。

管理层一般是数据安全管理团队，由数据安全领导团队指派的中高层人员负责管理企业的数据安全事项，如制定数据安全管理制度、推进数据安全意识培训、推动数据安全技术开发等。

执行层一般由各业务部门中与数据处理有关的人员以及风控、技术、运营等团队的人员组成，负责落地执行具体的管理制度、安全事件的调查、参与安全培训等。《数据安全法》要求的数据安全负责人和管理机构是指数据安全领导团队和数据安全管理团队，负责决策与管理企业的数据安全事宜。

《数据安全法》规定了企业数据安全保护义务，需要制定数据安全制度体系、使用技术措施以及其他必要措施。重要数据处理者更应从组织建设的角度，由数据安全负责人和管理机构来保障数据安全保护义务的落地实施。但是当前《数据安全法》尚无配套的规范性文件，可以借鉴相应的数据安全标准或实践指南，根据企业的安全战略推动落地，实施数据安全保护义务。

第 11 章

数据交易中介服务机构的法定义务

《数据安全法》第三十三条规定了数据交易平台的义务，包括要求方说明数据来源，审核交易双方身份，并留存审核、交易记录。该条仅是原则性规定，缺乏可操作性。结合现行国家标准，上述义务可以进一步细化为信息管理、交易管理、交易审计、系统管理、日志管理等。对于数据交易平台而言，根据其作用的不同，大数据交易模式可被划分为两类：一是基于中介加交易的大数据交易平台的大数据交易，二是基于纯中介的大数据交易平台的大数据交易，分别对应国内的贵阳大数据交易所和中关村数海大数据交易平台。相关企业的合规需从不同的模式出发分析其中的法律关系。

	合规内容	法律责任
数据交易中介	要求数据提供方说明数据来源 审核交易双方的身份 留存审核、交易记录	责令改正 没收违法所得 最高违法所得十倍罚款或一百万元罚款 可以责令暂停相关业务 停业整顿 吊销相关业务许可证 吊销营业执照 责任人最高十万元罚款

《数据安全法》相关法条

第十九条 国家建立健全数据交易管理制度，规范数据交易行为，培育数据交易市场。

第三十三条 从事数据交易中介服务的机构提供服务，应当要求数据提供方说明数据来源，审核交易双方的身份，并留存审核、交易记录。

第四十七条 从事数据交易中介服务的机构未履行本法第三十三条规定的义务的，由有关主管部门责令改正，没收违法所得，处违法所得一倍以上十倍以下罚款，没有违法所得或者违法所得不足十万元的，处十万元以上一百万元以下罚款，并可以责令暂停相关业务、停业整顿、吊销相关业务许可证或者吊销营业执照；对直接负责的主管人员和其他直接责任人员处一万元以上十万元以下罚款。

相关资料

一、数据交易中介服务机构的概况和定位

1. 数据交易平台发展概况

数据交易中介服务机构就是数据交易平台。数据本身不创造价值，其重要价值得以体现需要有一定路径，只有打破“信息孤岛”和行业信息壁垒，促进高价值数据汇聚对接，满足数据市场多样化需求，推进数据市场化交易机制建设，才能实现数据价值最大化。因此，国家早在十年前已经开始布局数据交易平台，建立数据交易市场。

2012 年 7 月，国务院发布的《“十二五”国家战略性新兴产业发展规划》中明确提出，支持大数据存储、大数据分析技术的研究和发展。

2015 年 8 月，国务院发布《促进大数据发展行动纲要》，明确要完善大数据市场发展机制，引导大数据交易市场培育，开展面向应

用的数据交易市场实验，探索大数据衍生产品交易发展；鼓励产业链各环节的市场参与者交换和交易数据，促进数据资源流通，建立和完善数据资源交易机制和定价机制，规范交易行为，加快建立大数据市场标准体系。

2016 年，工业和信息化部发布《关于组织实施促进大数据发展重大工程的通知》，建议重点支持数据元素流通，探索建立大数据交易平台和系统。各地政府也相继出台相关政策，落实发展大数据交易平台。

《中共中央 国务院关于构建更加完善的要素市场化配置体制机制的意见》（2020 年 3 月 30 日发布）中首次将数据作为新型生产要素写入政策文件，成为与土地、劳动力、资本和技术同等重要的市场要素。

在国家政策的支持下，从 2014 年开始，各地开始设立大数据交易平台。2015 年 4 月，贵阳大数据交易所在贵阳市国资委的支持下挂牌运营，并完成了首次交易；2015 年 8 月，华中地区第一家数据交易所——长江大数据交易中心落户武汉，此后华中大数据交易所、武汉东湖大数据交易所、河北京津冀数据交易中心相继成立。

2016 年，由上海经济和信息化委员会指导的上海大数据交易中心挂牌成立。此外，北京数海科技、数据堂、TalkingData、中关村大数据产业联盟等也走在了行业前列。2016 年，阿里、百度、京东等巨头相继加入战场，推出了阿里云数据市场、京东万象数据开放平台、百度大数据平台等数据开放平台。

根据初步统计，2014 年至今，全国各地陆续设立了大数据交易平台，如表 11-1 所示。

2. 数据交易平台的分类

数据交易平台根据不同标准有多种划分情况。根据中国信通院最新发布的《中国数字经济发展白皮书（2020 年）》，我国的数据交易平台可分为四种类型。

表 11-1　全国各地的大数据交易平台

时　间	交易所	所在地
2014 年	贵阳大数据交易所	贵州省贵阳市
	北京大数据交易平台	北京市
	香港大数据交易所	香港特别行政区
	中关村数海大数据交易平台	北京市
2015 年	武汉东湖大数据交易中心	湖北省武汉市
	长江大数据交易中心	湖北省武汉市
	西咸新区大数据交易所	陕西省西安市
	华东江苏大数据交易平台	江苏省盐城市
	重庆大数据交易市场	重庆市
	河北大数据交易中心	河北省承德市
2016 年	上海数据交易中心	上海市
	浙江大数据交易中心	浙江省桐乡市
	哈尔滨数据交易中心	黑龙江省哈尔滨市
	华中大数据交易平台	湖北省武汉市
	钱塘大数据交易中心	浙江省杭州市
2017 年	河南中原大数据交易中心	河南省郑州市
	青岛大数据交易中心	山东省青岛市
	安徽大数据交易中心	安徽省淮南市
2020 年	北部湾大数据交易中心	广西壮族自治区南宁市
2021 年	北京国际大数据交易所	北京市

（1）以大数据交易所（平台）为代表

他们大多在运营上坚持“国有控股、政府指导、企业参与、市场运营”的原则，大多采取会员制，数据供需双方需成为会员才能交易。

这些数据交易平台又可以分为两类：一类是以数据生产或数据服务类企业为主导、商业职能为主的数据交易平台；另一类是地方政府联合其他主体投资、第三方撮合性的数据交易平台。

作为全国首个大数据交易所，贵阳大数据交易所面向全国提供数据交易服务，主要通过自主开发的大数据交易电子系统，线上与线下相互结合，撮合客户进行大数据交易，促进数据流通；同时，定期对数据供需双方进行评估，规范数据交易行为，维护数据交易市场秩序，保护数据交易各方合法权益，面向社会提供完整的数据交易、结算、交付、安全保障、数据资产管理和融资等综合配套服务，以及大数据清洗建模分析服务、大数据定向采购服务、大数据平台技术开发等增值服务。

（2）以交通、电商、金融等领域的行业机构为代表

例如，中科院深圳先进技术研究院北斗应用技术研究院和华视互联联合成立的“交通大数据交易平台”（TDEP）整合了交通数据拥有方“华视互联”（主要专注于公共交通 Wi-Fi 的建设与运营，如公交、地铁的广告）、交通数据加工方“深圳北斗应用技术研究院（SIBAT）”（中科院深圳先进技术研究院与深圳南山区政府共同筹建）。首先，TDEP 以华视互联的交通数据为基础，通过数据采集、对接数据接口，构建一个数据供应商联盟；然后，TDEP 对采集来的数据进行数据质量认证、数据价值评估和数据定制服务；最后，数据经过清洗、分析、挖掘后，再流转到包括政府、学校和科研机构在内的公共客户，以及大型企业客户和中小企业/个人客户。

（3）以数据服务商为代表

比如数据堂、美林数据等，这类主体对大数据“采产销”一体化运营，盈利性较强。

数据堂是国内首家专注于互联网综合数据交易和服务的公司，致力于融合和盘活各类大数据资源，实现数据价值最大化，推动相关技术、应用和产业的创新。数据堂总部位于北京，在南京、镇江、天津、保定等地设有多个专业数据处理中心，并在北美硅谷设立了美国子公司。数据堂基于人工智能数据与生产服务平台主要提供三种核心服务：一是数据定制服务，场景数据按需定制，通过数加加平台连接客户提供数据的采集和标注服务；二是提供人工智能数据集产品；三是提供人工智能数据处理平台私有化部署服务，服务的领域包括生物认证、语音识别、无人驾驶、智能家居、智能制造、新零售、智能交通、智能安防等。

（4）以大型互联网公司建立的交易平台为代表

例如，京东建立了京东万象大数据开放平台，在已有的云计算平台基础上，围绕数据提供方、数据需求方、数据服务方等多方，构建了以数据开放、数据共享、数据分析为核心的综合性数据开放平台，为全行业提供权威数据支持，打造全行业数据开放的优质生态圈。其服务宗旨是帮助数据的提供方与需求方进行数据对接，解决数据缺失问题，完善数据价值，帮助企业解决数据孤岛的问题，从而提升企业运营效率。京东万象平台本身会对接多维度的丰富数据，保证数据的安全性与接入效率，是企业数据输出与流入的最佳渠道。同时，京东万象平台还提供企业与企业之间数据互联服务，解决客户内部资源多系统之间的整合问题。目前，京东万象平台数据的接入方式以API的形式接入，通过数据交易的形式实现买卖双方的价值。同时平台提供一系列的交易流程和管理流程，充分满足客户所需，打造数据交易市场的流畅性。

当然，以上分类主要是从数据来源和商业运营模式进行划分。如果依据业务模式不同，数据交易平台可分为两类：

一类是第三方数据交易平台，以会员方式筛选数据供应方和需求方，以中间人身份撮合供需双方对接，平台本身不参与数据交易，数据定价、购买期限、使用方式、转让条件等均由买卖双方商议。

另一类是混合数据交易平台，以中立身份为数据供需方提供交易平台的同时，也以数据供应商、服务商的角色参与数据交易。数据主要来源于企业内部数据、线下采集数据和线上爬取数据。

政府参与型数据交易平台基本情况如表11-2所示。

企业主导型数据交易平台基本情况如表11-3所示。

3. 数据交易平台定位

数据交易平台主要有两大核心任务。首先，显著降低数据交易的交易成本，否则数据交易双方是没有任何理由在交易市场开展交易的；其次，促进数据的交易流通。

表 11-2　政府参与型数据交易平台基本情况

平台名称	所在地区	业务模式	数据来源	服务领域	产品特点
贵阳大数据交易所	贵州省（西南）	混合数据交易平台	政府公开数据、企业内部数据、网页爬虫数据等	政府、经济、教育、环境、医疗、交通、商业、工业等	不进行基础数据交易
贵州数据宝网络科技有限公司	贵州省（西南）	混合数据交易平台	政府公开数据、数据供应方提供的数据等	经济、法律、交通、通信、商业等	国有大数据的整合处理与加工
北京大数据交易服务平台	北京市（华北）	混合数据交易平台	政府公开数据、企业内部数据、网页爬虫数据等	政府、经济、人文、交通等	交通政数据社会化共享
中关村数海大数据交易平台	北京市（华北）	第三方数据交易平台	数据提供方提供的数据	政府、经济、教育、环境、医疗、交通等	不存储数据，仅提供交易渠道
上海大数据交易中心	上海市（华东）	第三方数据交易平台	数据提供方提供的数据	政府、经济、人文、交通、商业等	xID 技术体系
江苏大数据交易中心	江苏省（华东）	混合数据交易平台	政府公开数据、数据供应方提供的数据、网页爬虫数据等	政府、教育、法律、医疗、人文、商业等	主要面向宏观经济政策以及行业的调研
钱塘大数据交易中心	浙江省（华东）	第三方数据交易平台	数据提供方提供的数据	政府、经济、人文、交通、商业等	擅长工业大数据服务
中原大数据交易平台	河南省（华中）	第三方数据交易平台	数据提供方提供的数据	电商、企业、生活服务、资源能化、交通地理、金融服务、医疗等	主要为工业、能源数据服务
华中大数据交易所	湖北省（华中）	第三方数据交易平台	数据提供方提供的数据	经济、教育、环境、医疗、交通、通信、农业等	机构和个人用户均可使用、竞价交易
东湖大数据交易中心	湖北省（华中）	混合数据交易平台	政府公开数据、企业内部数据等	政府、招商、扶贫、工会、旅游、经济、环境；法律、医疗、人文等	“政务数据资产运营”的开拓者
哈尔滨数据交易平台	黑龙江（东北）	混合数据交易平台	政府公开数据、网页爬虫数据等	政府、经济、医疗、交通等	主要面向政府决策
西咸新区大数据交易所	陕西省（西北）	混合数据交易平台	政府公开数据、企业内部数据、公共服务数据、数据供应方提供的数据、网页爬虫数据等	政府、经济、人文、交通等	无

资料来源：各数据交易平台网站

表 11-3　企业主导型数据交易平台基本情况概置

平台名称	所在地区	业务模式	数据来源	服务领域	产品特点
花呗	北京市（华北）	混合数据交易平台	企业内部数据、数据供应方提供的数据、网页爬虫数据等	环境、地理、人文、交通等	人工智能数据
数粮大数据交易平台	北京市（华北）	第三方数据交易平台	数据供应方提供的数据	经济/金融/贸易、农业/工业、工程/能源/地产、通信/IT/社交、科教等	主要为数据包的商品业务
京东万象（大型互联网企业派生）	北京市（华北）	混合数据交易平台	企业内部数据、数据供应方提供的数据、合作伙伴数据等	城市、零售、金融、物流、智能供应链、智能 IDC、教育、智能家居等	主要以云服务为主
聚合数据	江苏省（华东）	混合数据交易平台	企业内部数据、网页爬虫数据、互联网开放数据等	生活服务、金融科技、交通地理、充值缴费、数据智能、企业管理等	主要项目为电话短信、汽车加油等生活类服务
发源地大数据交易平台	上海市（华东）	第三方数据交易平台	数据供应方提供的数据	社交、金融、电商、汽车、人才、房产、医疗、企业、旅游、科研、咨询、阅读等	保障产品知识产权、自主研发技术
天元数据	江苏省（华东）	混合数据交易平台	政府公开数据、企业内部数据、数据供应方提供的数据、联盟伙伴数据等	线上零售、生活服务、企业数据、农业、资源能化等十大类	电商数据高于行业平均水平
淘数据（大型互联网企业派生）	浙江省（华东）	混合数据交易平台	淘宝全行业、品牌、店铺、直播、预售数据、抖音快手数据等	行业数据、爆款分析、热闹推荐、产品里程碑等	为淘宝卖家提供数据查询、分析等
数多多	广东省（华南）	混合数据交易平台	网页爬虫数据	教育、金融、市场咨询、消费者洞察、广告、税务等	八爪鱼采集
iDataAPI	广东省（华南）	混合数据交易平台	网页爬虫数据	社交、电商、新闻咨询、工商、企业、泛娱乐、POI 等	智能、实时、允许历史数据回溯的数据产品
阿凡达数据	湖北省（华中）	第三方数据交易平台	网页爬虫数据	金融股票、充值认证、便民类、新闻文章、医药交通、科教文艺等	主要关于网络热词
SHOWAPI	云南省（西南）	混合数据交易平台	网页爬虫疏浚、企业内部数据、数据供应方提供的数据等	金额商业、企业管理、数字营销、交通地理、生活服务、虚拟充值、人工智能等	主要为 API 业务
关林数据	陕西省（西北）	混合数据交易平台	政府公开数据、企业内部数据、数据供应方提供的数据、网页爬虫数据等	智能制造、智能能源、智慧军工、汽车装配、家电制造、智慧水务等	主要为工业制造业、能源业等提供数据服务

资料来源：各数据交易平台网站

数据交易的成本由搜寻成本、因信息不对称导致的风险成本、议价成本组成。其中，搜寻成本是数据买卖双方对接需求并成功撮合所需要付出的成本；风险成本是由于数据交易的双方信息不对称，所出现的卖方夸大数据价值、以次充好等道德风险行为；议价成本是双方在数据定价问题上讨价还价带来的价值损耗。正因如此，数据交易平台核心的价值在于降低数据交易的综合成本，数据交易平台的工作都应该围绕这个目标开展。

例如，数据交易平台应当实现的是将数据交易与流通如“拧水龙头”一样的使用方式通过 API 去调用，并能很好地解决数据流通中“挑数据”“开箱即用”和降低交易成本与门槛等问题。

数据交易的一般流程如图 11-1 所示。

数据交易流通体系的主体如图 11-2 所示。

二、数据交易平台的义务

《数据安全法》对于数据交易平台的义务仅做原则性规定：

> **第三十三条** 从事数据交易中介服务的机构提供服务，应当要求数据提供方说明数据来源，审核交易双方的身份，并留存审核、交易记录。

但上述规定缺乏可操作性，实际交易平台需要更多地参考现行的国家标准规定的平台义务。

1. 现行国家标准

目前，我国数据交易制度、标准正在不断完善，为数据交易发展提供制度保障。行业已经有了一些规范性标准，如国家市场监督管理总局、国家标准委已发布的三项大数据交易国家标准为：《信息技术数据交易服务平台交易数据描述》，2018 年发布，2019 年 1 月 1 日实施；《信息技术数据交易服务平台通用功能要求》和《信息安全技术数据交易服务安全要求》，2019 年发布，2020 年 3 月 1 日实施。

《信息技术数据交易服务平台通用功能要求》全面性地规定了数据交易平台应具备的功能，协助搭建通用功能框架。

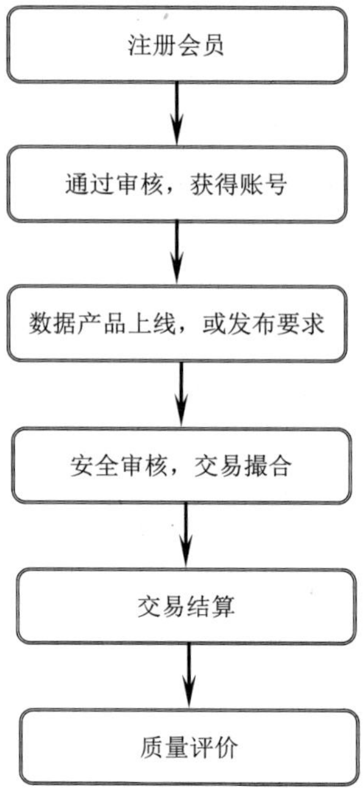

图 11-1　数据交易的一般流程

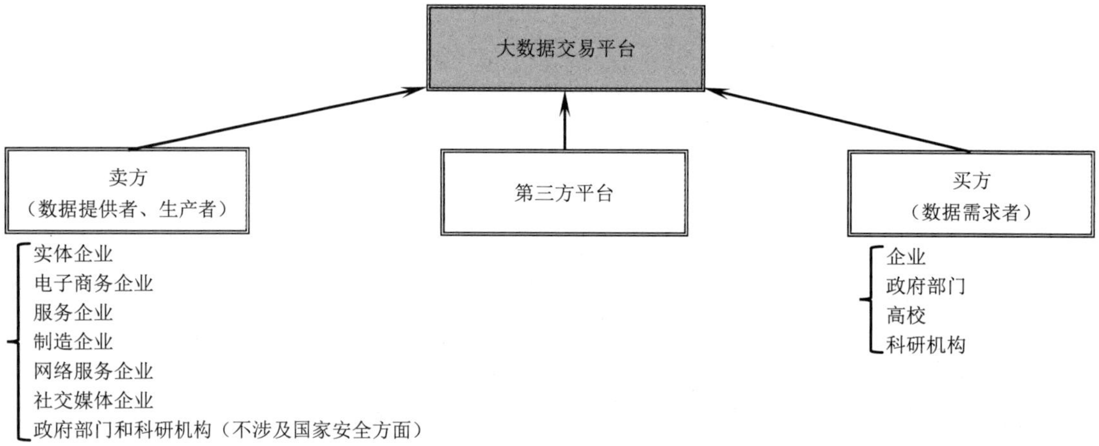

图 11-2　数据交易流通体系的主体

（1）信息分类管理

信息分类管理要求如下：

❖ 应支持需求信息和供应信息分类的增加、修改、删除。需求信息分为采购数据需求、数据应用需求和数据工具需求三类。

❖ 供应信息分为交易数据供应、数据应用供应和数据工具供应三类。

（2）信息审核

信息审核要求如下：

❖ 应支持对注册用户信息的审核。

❖ 应支持对用户所有发布信息的审核，包括通知公告、采购需求、交易数据等信息。

（3）交易数据计费管理

交易数据计费管理要求如下：

❖ 应支持交易数据的多种计费方式，如按使用次数计费、按流量计费、按使用时长计费等。

❖ 应支持交易数据计费方式的修改、保存。

（4）运营管理

运营管理要求如下：

❖ 应支持通知公告等信息的增加、修改、保存、删除、提交审核、发布、查询等功能。

❖ 应支持所有订单信息的展现、查询、打印、导出。

❖ 应支持所有在线支付信息的展现、查询、打印、导出。

（5）安全管理

安全管理要求如下：

❖ 应支持多中身份鉴别机制，如用户名/密码、数字证书等，提供用户名/密码认证时，应提供校验码方式提高身份鉴别的安全性。

❖ 应支持对用户访问资源的权限进行标识与管理。

❖ 应支持对不同数据粒度的安全分级。

❖ 应支持权限继承授权机制，权限冲突检测。

❖ 应支持对用户、应用、数据等的访问控制权限分级。
❖ 应支持对通过网络传输的数据信息进行严格的数据加密处理。
❖ 应支持对网络传输的数据文件进行有效性和完整性验证。
❖ 应支持对数据应用和数据工具进行病毒检测。

（6）交易审计

交易市计要求如下：

❖ 应支持对高危操作的监测，如用户越权访问、用户权限升级、更改口令、新建用户、用户数据的修改、多次错误登录等异常事件。
❖ 应支持自动生成交易审计报告，并支持导出系统。

（7）日志管理

日志管理要求如下：

❖ 应支持对用户操作日志的采集，日志的采集应覆盖所有的网络设备、主机操作系统、数据库和应用，实现对所有用户访问操作尤其是各类关键操作记录的收集。
❖ 应支持基于多重查询条件对操作日志进行查询、导出。

（8）系统数据管理

系统数据管理要求如下：

❖ 应支持对系统数据自动和手动备份。
❖ 应支持对异常状况下系统数据的自动和手动恢复。
❖ 应支持对数据库与应用服务等单元的监控。

《信息安全技术数据交易服务安全要求》则对数据交易平台的安全要求提出细致的标准，包括：范围，规范性引用文件，术语和定义，安全概述（参考框架、数据交易安全原则），数据交易参与方安全要求（数据供方安全要求、数据需方安全要求、数据交易服务机构安全要求），交易对象安全（禁止交易数据、数据质量要求、个人信息安全保护、重要数据安全保护），数据交易过程安全（交易申请、交易磋商、交易实施、交易结束）。

上述标准对于数据交易服务具体安全要求如下。

（1）基本要求

数据交易服务机构应满足以下基本要求：

❖ 得到我国行政或主管部门的授权或许可。
❖ 为一年内无重大数据类违法违规的合法组织机构。
❖ 具备承担数据交易服务对应的保。
❖ 将从事境内数据交易服务的数据交易服务平台部署在我国境内。
❖ 对数据供方提供的数据来源合法性证明材料声明进行审核。
❖ 对数据违规使用行为进行监测。
❖ 制定并执行交易违规处罚规则。
❖ 未经授权不擅自使用数据供方或需方的数据或数据衍生品。
❖ 至少满足 GB/T 37988—2019 中的三级要求。

（2）组织安全管理要求

数据交易服务机构应满足以下要求：

❖ 制定数据交易服务安全管理策略，说明数据交易安全总体目标、范围、原则和安全框架等。
❖ 建立数据交易服务安全管理制度，包括但不限于：交易参与方安全管理制度、数据安全管理制度、个人信息安全保护制度等。
❖ 为数据交易管理人员或操作人员执行的管理成业务操作建立操作规程。
❖ 定期对数据交易服务安全管理策略、制度和规程进行评审，并及时进行更新。
❖ 建立和执行针对数据供方和需方的安全管理制度和流程。
❖ 建立供需方的信用管理机制。

（3）数据安全保护

数据满足以下要求：

❖ 分别为供方、需方提供安全的上传或下载接口，强身份认证机制，传输链路加密等保护施，确保传输的安全。
❖ 对交付数据实施加密存储、访问控制等安全措施，防止数据泄露或非法使用。

❖ 实现数据源和数据操作的可追溯性，以及交易的非否认性。

❖ 在托管数据交付模式下，为数方提供隔离安全环境，对数据需方在数据使用环境中运行的相关程序和产生的数据结果进行审核。

❖ 在托管数据交付模式下，对交易数据进行安全存储和备份，确保数据的保密性、完整性和可用性。

❖ 当数据供方撤销托管数据时，清除剩余信息且不可恢复。

（4）交易过程安全控制

数据交易服务平台满足以下要求：

❖ 允许对数据交易的参与方、对象、关键过程设置人工干涉功能。人工干涉的内容至少包括：交易参与方审核、交易审核、交易暂停、交易撤销、交易恢复。

❖ 处理数据供方成数据需方的仲裁要求，并要求被诉方提供应对证据。

（5）数据交易安全审计

数据交易服务平台应满足以下要求：

❖ 对每笔数据交易操作进行记录，生成数据交易日志。

❖ 数据交易日志至少包括以下信息：交易唯一标识、交易时间、交易供方、交易需方、交易数据标识、敏感数据标签、交易价格、交易构式、交易结果等。

❖ 安全保存数据交易日志、数据来源合法性等文件至少 6 个月。

❖ 只允许授权审计员访问数据交易日志，支持对数据交易日志进行查询和分析。

❖ 允许数据供方和数据需方查询与自己数据交易相关的日志信息并允许导出。

❖ 提供数据交易日志访问接口给国家管部门成第三方审计机构。

2. 数据交易平台规则

在《数据安全法》和上述国家标准的体系下，各大平台还制定了细致的交易规则和标准。例如，华中大数据交易所制定了《大数据交易安全标准》《交易数据格式标准》《大数据交易行为规范》和《大数据交易管理条例》等规则。

也有不少地方政府制订了数据交易制度，如 2016 年贵州省第十二届人民代表大会常务委员会通过了《贵州省大数据发展应用促进条例》，初步规范数据交易。《贵州省大数据发展应用促进条例》规定了大数据在交易过程中的相关要求，对培育大数据交易市场，规范数据交易行为，起到促进作用。

三、数据交易中的法律关系

大数据交易法律关系中主要包括三类主体：数据供方（卖方）、数据需方（买方）、数据交易服务机构或者数据交易服务平台（交易中介）。

数据供方（卖方）是指提供数据或者数据源的主体。

数据需方（买方）是指购买或者使用数据的主体。

数据交易服务机构是指为数据供需双方提供交易服务的组织。

数据交易服务平台是数据交易服务机构用来为供需双方提供数据交易的信息化平台。

大数据交易以数据服务平台为载体，数据服务平台的建设机制与运营特点对大数据交易至关重要。当前，国内外大数据交易形式多样，并且不断有新的运营模式出现。

根据大数据交易平台作用的不同，大数据交易模式可被划分为两类：一是基于中介加交易功能的大数据交易平台的大数据交易，二是基于纯中介功能的大数据交易平台的大数据交易，分别对应国内的贵阳大数据交易所和中关村数海大数据交易平台。本章以这两类大数据交易平台的交易规则为基础，分析不同运作模式中存在的普遍法律关系。

目前，大数据交易中介模式是指交易平台本身不存储数据、不分析数据，仅作为买卖渠道的一种交易模式。其交易对象既包括原始数据，也包括经处理、甄别后的组合数据。

以产业联盟形式建立的中关村数海大数据交易平台属于大数据交易中介模式。数据供方（卖方）与中关村数海大数据服务机构之间存在的法律关系如下。

1. 委托关系

在线交易形式中，交易平台受卖方委托提供数据调用接口，卖方向买方提供数据复制品，数据通过该功能接口完成上线。

离线交易形式中，数据供需双方签订买卖合同在先，然后由供方将所购买的数据以离线的形式传送到需方的端口，数据服务平台在其中起到了传送作用。

托管交易形式中，双方签订数据买卖协议后，供方将把数据传输到数据交易服务指定的数据服务承载平台中，需方在数据服务平台中使用数据，数据不会直接由需方占有及保管。

2. 保管关系

在大数据交易中，买方将所需的数据类型与报价告知数据服务平台，该平台通知符合要求的供方，然后供方、需方签订买卖合同，供方提供数据、需方支付价款，数据服务平台暂存该部分价款，待需方收到符合标准的数据后，再通知卖方确认收费，数据服务机构收取一定比例的保管费。

综上，上述两种交易模式之间的差异如表 11-4 所示。

表 11-4　委托关系与保管关系的差异

交易模式	优　势	劣　势	交易平台法律性质	交易平台作用
中介加处理交易模式	参与主体多为政府机构或者行业巨头，数据量大、性价比高、可信度强；赋予数据交易平台审核、监管职责，提高了数据的安全性；交易对象将原始数据剔除，暂时规避对数据归属问题及“被遗忘权”的讨论	在某些专业性较强或者跨行业领域，大数据交易平台所形成的大数据分析结果提供的作用显得过于微弱	明确规定属于自律性法人，同时赋予自身监督管理权限	提供中介服务的同时，参与到交易环节中
纯粹中介模式	完全依托市场经济大环境，无主体资格限制，准入门槛较低，调动各方参与者的积极性	该平台仅作为交易渠道，对于数据购买者的需求与数据卖方的情况几乎无了解，交易效率低，不利于大数据交易的有效进行	未规定法律性质	赋予自身监督管理权限

《中华人民共和国刑法》相关法条

第二百八十七条之一　利用信息网络实施下列行为之一，情节严重的，处三年以下有期徒刑或者拘役，并处或者单处罚金：

（一）设立用于实施诈骗、传授犯罪方法、制作或者销售违禁物品、管制物品等违法犯罪活动的网站、通讯群组的；

（二）发布有关制作或者销售毒品、枪支、淫秽物品等违禁物品、管制物品或者其他违法犯罪信息的；

（三）为实施诈骗等违法犯罪活动发布信息的。

单位犯前款罪的，对单位判处罚金，并对其直接负责的主管人员和其他直接责任人员，依照第一款的规定处罚。

有前两款行为，同时构成其他犯罪的，依照处罚较重的规定定罪处罚。

参考案例

一、案例概要

浙江省绍兴市越城区人民法院经公开开庭审理查明：

2015 年 5 月，被告人李某（股东、负责平台总体运营）、周某（股东、负责后勤保障等）设立、运行买号街网站，并由被告人蒋某、蓝某提供网站技术支持，被告人蒙某进行业务推广，在明知他人进行公民个人信息账号交易的情况下，仍将买号街交易平台提供给他人使用，供交易者存储、流转公民个人信息，并以收取交易手续费的方式牟取利益。至案发，买号街网络交易平台销售金额达 276 万余元，获利 18 万余元，注册会员近 3 万人。

2016 年 7 月 5 日，被告人李某、周某、蒋某、蓝某、蒙某被抓获归案。

二、裁判结果

浙江省绍兴市越城区人民法院于 2018 年 3 月 22 日作出刑事判决（〔2017〕浙 0602 刑初 293 号）：

被告人李某犯非法利用信息网络罪，判处有期徒刑一年九个月，并处罚金人民币 4000 元；被告人周某犯非法利用信息网络罪，判处有期徒刑一年六个月，并处罚金人民币 3000 元；被告人蒋某犯非法利用信息网络罪，判处有期徒刑一年六个月，并处罚金人民币 3000 元；被告人蓝某犯非法利用信息网络罪判处有期徒刑一年六个月，并处罚金人民币 3000 元；被告人蒙某犯非法利用信息网络罪，判处有期徒刑一年三个月，并处罚金人民币3000元。

三、法官观点

法院生效裁判认为：被告人李某、周某、蒋某、蓝某、蒙某设立、制作网络交易平台供他人进行公民个人信息数据的存储、流转、买卖，并以此牟取非法利益，其行为均已构成非法利用信息网络罪，且系共同犯罪。各被告人利用电信网络技术从事的行为作为一个完整“黑色”产业链的一环，侵犯了不特定多数人的合法权益，行为的社会危害性大、影响范围广，故酌情予以从重处罚。

本案中，被告提出了“平台中立”和“不知平台使用者如何使用平台服务”等意见的抗辩。但该抗辩未获得支持，究其原因，主要在于：

本案中，被告人李某等人发起设立买号街网络交易平台的初衷即在于为他人进行公民个人信息数据存储、流转、交易提供方便。买号街平台交易的账号类型包括公民证件信息、银行账户信息、支付宝、淘宝、微信、京东交易账号、个人使用通讯号码等，并在上传销售账号时明示出售方进行“实名账户”标注。为化解交易双方的纠纷，确保交易内容的真实性，买号街网络交易平台还提供资金结算担保，公民个人账号在买号街平台的批量交易模式也排斥个人所有账号的合法交易。上述事实足以认定各被告人明知他人在平台上销售侵犯公民个人信息的数据。在此情况下，各被告人不是积极地阻止交易行为，而是有针对性地、积极地对外推广平台，扩大平台的影响力。因此，买号街平台已经突破了其该有的中立地位，平台的产出为趋害的负能量，应当作出具有刑事违法性的认定。

第 12 章

政务数据安全与开放

根据《数据安全法》第五章规定，国家制定政务数据开放目录，构建统一规范、互联互通、安全可控的政务数据开放平台，推动政务数据开放利用。在政务数据开放利用过程中，数据安全问题不容忽视。目前，政务数据可能面临的风险包括数据存储加工风险、数据开放共享风险及数据平台风险。为应对政务数据在共享开放中可能面临的安全风险，政务数据安全防护能力建设应基于数据共享交换平台、数据开放平台、大数据平台和数据服务总线等基础设施，统一政务数据应用通道，支撑政务业务流转，提供政务数据共享开放能力，并结合数据生命周期进一步加强数据安全管控。

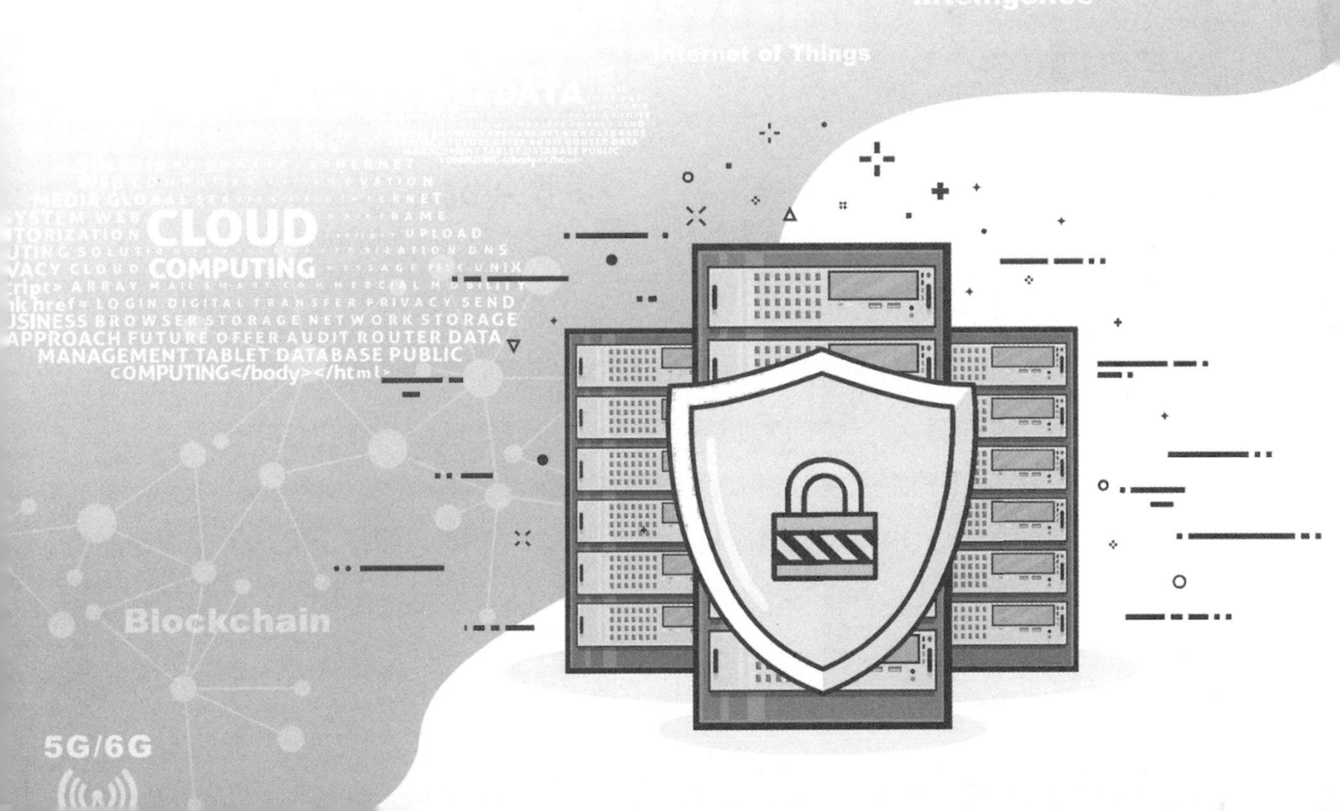

《数据安全法》相关法条

第三十七条 国家大力推进电子政务建设，提高政务数据的科学性、准确性、时效性，提升运用数据服务经济社会发展的能力。

第三十八条 国家机关为履行法定职责的需要收集、使用数据，应当在其履行法定职责的范围内依照法律、行政法规规定的条件和程序进行；对在履行职责中知悉的个人隐私、个人信息、商业秘密、保密商务信息等数据应当依法予以保密，不得泄露或者非法向他人提供。

第三十九条 国家机关应当依照法律、行政法规的规定，建立健全数据安全管理制度，落实数据安全保护责任，保障政务数据安全。

第四十条 国家机关委托他人建设、维护电子政务系统，存储、加工政务数据，应当经过严格的批准程序，并应当监督受托方履行相应的数据安全保护义务。受托方应当依照法律、法规的规定和合同约定履行数据安全保护义务，不得擅自留存、使用、泄露或者向他人提供政务数据。

第四十一条 国家机关应当遵循公正、公平、便民的原则，按照规定及时、准确地公开政务数据。依法不予公开的除外。

第四十二条 国家制定政务数据开放目录，构建统一规范、互联互通、安全可控的政务数据开放平台，推动政务数据开放利用。

第四十三条 法律、法规授权的具有管理公共事务职能的组织为履行法定职责开展数据处理活动，适用本章规定。

参考案例

案例一

2018 年 12 月，某市发改局事业单位工作人员程某，在办公期间，擅自将机关协同办公系统中有关会议纪要的内容，通过手机拍摄的方式发送到“业务通联”微信群中，群内成员闫某、张某、杨某分别将手机照片转发至同事、同学微信群内。短时间内，相关内容在该市范围内大幅扩散，对相关工作的正常开展造成一定干扰。

事件发生后，纪检部门、市发改局对程某诫勉谈话，责令作出书面检查，并在全市范围通报。闫某、张某、杨某所属单位也分别对三人进行提醒谈话。

案例二

2017 年 11 月，某镇信访办副主任林某，从县政府办公室领取该县《维稳专班人员名录及工作分解表》（该文件首页标注“内部，注意保存”等字样），返回单位后将该文件放置于本人办公桌，恰逢有大量人员集中来访，遂与其他同事一起在大厅维持信访秩序。期间，信访人员唐某窜入林某办公室并发现桌上的文件，便使用手机拍摄了文件的全部内容，并立即发布于信访人员微信群。经过多次转发，文件照片迅速在微信群和 QQ 群中大范围传播，导致在全县范围内造成了不良影响，严重干扰了地区信访维稳工作。

事件发生后，县委、县政府责令镇党委、镇政府作出深刻检查，镇政府给予林某行政警告处分。

案例三

2015 年 10 月，保密检查发现，某国有企业集团公司干部左某使用的非涉密计算机中存储 4 份标密文件。经鉴定，4 份文件均不属于国家秘密，但属于不应公开的内部资料。

事件发生后，有关部门给予左某行政降级处分，扣除其半年绩效奖励，调离项目组且 3 年内不得从事涉密工作，同时给予其党内警告处分。负有监管责任的集团公司保密办主任葛某等 4 人向集团公司保密委作出深刻检查，并给予通报批评。

案例四

2016 年 2 月，某研究院所属产业规划研究所互联网产业研究部主任刘某，违反研究院保密及科研管理相关制度和要求，将该院承担某中央国家机关规划编制过程的文件发给无关人员。经评估确认未造成实际外泄后果。此外，核查中发现，刘某名下的笔记本电脑和移动硬盘中存有10余份涉及内部会议的记录，具有一定敏感性。

事件发生后，有关部门给予刘某全院通报批评，责令其作出深刻检查，取消评优资格等处理。

解读分析

数据的公开与共享需要依据《数据安全法》第三十八条规定。如果违反规定的保密义务，需要依法承担相应法律责任。以下案例虽然发生在《数据安全法》生效之前，但是法律原理相同，涉及政府机构、事业单位的工作人员，在履行职责中，未经允许，将政府机构、事业单位的保密数据进行传播和公开，受到了相应的处分或处罚。虽然尚未上升到行政处罚甚至刑事责任，但该类行为严重违反了《数据安全法》的第三十八条规定。

根据《数据安全法》第五章的规定，国家制定政务数据开放目录，构建统一规范、互联互通、安全可控的政务数据开放平台，推动政务数据开放利用。政府推动政务数据开放利用，释放出数据对于建设法治政府、推进“放管服”改革的红利。从政府信息公开到政务数据开放，从保障公民知情权到推进数据为社会最大化利用，政务数据共享开放对法治国家、法治政府、法治社会一体建设具有重要意义。这为发挥数据的经济价值和社会效应，为最大化利用政务数据，充分释放政务大数据的社会和经济效益创造了条件，亦是政务数据来之于公众，又回归于公众、应用于公众的重要体现。

一、政务数据共享开放的政策法规与标准体系

1.《促进大数据发展行动纲要的通知》

2015年8月，国务院出台关于政务数据共享开放的纲领性文件《促进大数据发展行动纲要的通知》（国发〔2015〕50号），提出我国在大数据发展和应用方面已具备一定基础，拥有市场优势和发展潜力，但也存在政府数据开放共享不足、产业基础薄弱、缺乏顶层设计和统筹规划、法律法规建设滞后、创新应用领域不广等问题，亟

待解决。

在行动纲要中，明确提出加快政府数据开放共享，推动资源整合，提升治理能力，包括：

（1）大力推动政府部门数据共享

加强顶层设计和统筹规划，明确各部门数据共享的范围边界和使用方式，厘清各部门数据管理及共享的义务和权利，依托政府数据统一共享交换平台，大力推进国家人口基础信息库、法人单位信息资源库、自然资源和空间地理基础信息库等国家基础数据资源，以及金税、金关、金财、金审、金盾、金宏、金保、金土、金农、金水、金质等信息系统跨部门、跨区域共享。

（2）稳步推动公共数据资源开放

推进公共机构数据资源统一汇聚和集中向社会开放，提升政府数据开放共享标准化程度，优先推动信用、交通、医疗、卫生、就业、社保、地理、文化、教育、科技、资源、农业、环境、安监、金融、质量、统计、气象、海洋、企业登记监管等民生保障服务相关领域的政府数据集向社会开放。建立政府和社会互动的大数据采集形成机制，制定政府数据共享开放目录。通过政务数据公开共享，引导企业、行业协会、科研机构、社会组织等主动采集并开放数据。

2.《政务信息资源共享管理暂行办法的通知》

2016 年 9 月，国务院出台《政务信息资源共享管理暂行办法的通知》（国发〔2016〕51 号），把政务信息资源按共享类型分为无条件共享、有条件共享、不予共享三种。

① 可提供给所有政务部门共享使用的政务信息资源属于无条件共享类。

② 可提供给相关政务部门共享使用或仅能够部分提供给所有政务部门共享使用的政务信息资源属于有条件共享类。

③ 不宜提供给其他政务部门共享使用的政务信息资源属于不予共享类。

同时，对于这三类数据类型如何确定，该办法规定：

① 凡列入不予共享类的政务信息资源，必须有法律、行政法规或党中央、国务院政策依据。

② 人口信息、法人单位信息、自然资源和空间地理信息、电子证照信息等基础信息资源的基础信息项是政务部门履行职责的共同需要，必须依据整合共建原则，通过在各级共享平台上集中建设或通过接入共享平台实现基础数据统筹管理、及时更新，在部门间实现无条件共享。基础信息资源的业务信息项可按照分散和集中相结合的方式建设，通过各级共享平台予以共享。基础信息资源目录由基础信息资源库的牵头建设部门负责编制并维护。

③ 围绕经济社会发展的同一主题领域，由多部门共建项目形成的主题信息资源，如健康保障、社会保障、食品药品安全、安全生产、价格监管、能源安全、信用体系、城乡建设、社区治理、生态环保、应急维稳等，应通过各级共享平台予以共享。

3.《政务信息系统整合共享实施方案》

2017 年 5 月，国务院办公厅出台《政务信息系统整合共享实施方案》，规定加快推进政务信息系统整合共享的“十件大事”。

（1）“审”“清”结合，加快消除“僵尸”信息系统

2017 年 10 月底前，基本完成对系统使用与实际业务流程长期脱节、功能可被其他系统替代、所占用资源长期处于空闲状态、运行维护停止更新服务，以及使用范围小、频度低的“僵尸”信息系统的清理工作（国务院各有关部门负责）。

（2）推进整合，加快部门内部信息系统整合共享

推动分散隔离的政务信息系统加速整合。各部门原则上将分散的、独立的信息系统整合为一个互联互通、业务协同、信息共享的“大系统”，以司局和处室名义存在的独立政务信息系统原则上必须整合（国务院各有关部门负责）。

（3）设施共建，提升国家统一电子政务网络支撑能力

除极少数特殊情况外，目前政府各类业务专网都要向国家电子政务内网或外网整合（国务院办公厅牵头，各地区、各部门负责）。

（4）促进共享，推进接入统一数据共享交换平台

各部门推进本部门政务信息系统向国家电子政务内网或外网迁移，对整合后的政务信息系统和数据资源，按必要程序，审核或评测审批后，统一接入国家数据共享交换平台。

（5）推动开放，加快公共数据开放网站建设

依托国家电子政务外网和中央政府门户网站，建设统一规范、互联互通、安全可控的数据开放网站。

（6）强化协同，推进全国政务信息共享网站建设

2018 年 6 月底前，实现各部门政务数据基于全国政务信息共享网站的共享服务。

（7）构建目录，开展政务信息资源目录编制和全国大普查

落实《政务信息资源共享管理暂行办法》有关要求，加快建立政务信息资源目录体系。2017 年 6 月底前出台《政务信息资源目录编制指南》（国家发展改革委、国家网信办负责）。组织完成面向各地区、各部门的政务信息资源目录体系建设试点和信息共享专题培训工作（国家发展改革委牵头，各有关地区、部门配合）。逐步构建全国统一、动态更新、共享校核、权威发布的政务信息资源目录体系。

（8）完善标准，加快构建政务信息共享标准体系

建立健全政务信息资源数据采集、数据质量、目录分类与管理、共享交换接口、共享交换服务、多级共享平台对接、平台运行管理、网络安全保障等方面的标准，推动标准试点应用工作。

（9）一体化服务，规范网上政务服务平台体系建设

加快推动形成全国统一政务服务平台，统筹推进统一、规范、多级联动的“互联网＋政务服务”技术和服务体系建设。

（10）上下联动，开展“互联网＋政务服务”试点

围绕“互联网＋政务服务”的主要内容和关键环节，组织开展培训交流和试点示范。

上述三份重要文件不仅明确了政务数据共享的原则，也为信息系统整合实施和标准体系建设提供了引导。

2016 年 12 月，工业和信息化部关于印发《大数据产业发展规划（2016—2020 年）》的通知（工信部规〔2016〕412 号），对公共数据资源、政府数据的开放也做了详细的规划。

2017 年 3 月，中共中央办公厅、国务院办公厅《关于推进公共信息资源开放的若干意见》提到公共信息资源的开放问题。

2019 年 10 月，国家发展改革委、中央网信办关于印发《国家数字经济创新发展试验区实施方案》的通知（发改尚技〔2019〕1616 号），针对政务数据共享开放程度低、政企数据流动不充分等问题，大力推进政务数据共享开放，打通政府和企业间数据流动通道，探索数据高效安全流通和应用的政策制度、机制化流程，完善政产学研用协同创新机制，突破一批关键技术创新成果。

2020 年 9 月，科技部关于印发《国家新一代人工智能创新发展试验区建设工作指引》的通知（国科发规〔2019〕298 号），该指引中提出，为发展人工智能产业，建设人工智能研发基地和开放创新平台，致力于推动公共数据安全有序开放，大幅降低算力成本。

4. 政务开放的标准体系建设

在标准规范方面，政务数据相关国家标准和地方性标准规范陆续出台。

2020 年 6 月，《国家电子政务标准体系建设指南》正式出台，在政务数据共享开放标准子体系中明确了建设重点包括数据安全等政务数据管理标准。部分地区在推动数据共享开放工作中制定相关标准，明确共享开放数据范围，并将落实数据分类分级作为确保数据安全的第一步，为政务数据共享开放和安全防护提供指引。

贵州省率先制定发布了《政府数据分类分级指南》，在全国做到了先试先行，为贵州省政府部门在共享和开放政府数据时恰当分类和定级提供参考，是对政府数据实施有效有序管理的大胆尝试。实施数据分类分级有利于按类别正确开发利用政府数据，实现政府数据价值最大化。

2021 年 7 月，浙江省发布《数字化改革　公共数据分类分级指南》（DB33/T 2351—2021），根据公共数据遭泄露、破坏后，对国家安全、社会秩序、公共利益以及对公民、法人和其他组织的合法权益（受侵害客体）的危害程度，确定了公共数据的安全级别，共分为 4 级，由高至低分别为：敏感数据（L4 级）、较敏感数据（L3 级）、低敏感数据（L2 级）、不敏感数据（L1 级）。该《指南》的制定与实施有助于规范处理数据共享与开发、发展与安全、效率与公平的关系，促进公共数据共享开放和增值利用，强化全省数字化改革的数据安全基础，推进数字浙江整体智治，沉淀提炼出省域治理现代化的“浙江经验”。

二、政务数据共享开放的网络安全

1. 网络安全风险概述

随着各地政府数据向社会公众开放的步子加快，数据作为重要资产，在成为发展新变量的同时，也面临严峻的网络安全挑战。

首先，政务数据大量汇聚，容易成为攻击目标。在我国数字经济发展和数字政府建设过程中，政务数据进行大规模的整合存储，其中涉及公民、企业、政府部门、社会组织有关社保、户籍、疾控、政策等领域个人敏感信息和重要数据，甚至涉及国家战略数据，在大量政务数据汇聚发挥数据价值的同时，也更容易成为攻击目标，这些数据一旦泄露，对个人而言，可能致使隐私曝光、经济受损导致企业核心经营数据和商业秘密泄露。对于政府而言，可能对调控、决策治理造成严重影响。数据主管部门和数据提供者、使用者承担着更大的安全管理责任，面临着更高的安全风险。

其次，共享开放涉及各类主体，数据流动牵连复杂环节，进一步加剧风险。政务数据在各单位之间流动、共享和开放，业务数据不仅存在于数据区域、业务区域、终端区域，还可能流出到外网。数据安全防护需求必须随之动态变化。大量分散的、结构化和非结构化的数据汇集到共享交换平台，且由于各地、各部门政务数据标准不一致，属性不同，数据分类分级等安全策略有待落实，目前尚难以进行有效管控。政务数据共享开放对安全防护技术提出了更高的要求，如果对数据识别不清、安全级别判断不足，就易发生数据源伪造、传输数据遭窃听篡改、数据非授权使用、数据共享外发泄露等问题。

另外，因为各类政务数据安全保护机制不尽相同，系统安全防护水平参差不齐，网络结构日趋复杂、应用系统和安全建设分期投入等现实情况，所以安全防护能力尚跟不上政务数据共享开放的发展需求，安全风险持续增加。

同时，大数据、人工智能等技术的发展催生出新型攻击手段，攻击范围广、命中率高、潜伏周期长，针对大数据环境下的高级可持续攻击（APT）通常隐蔽性高、感知困难，使得传统的安全检测、防御技术难以应对，无法有效抵御外界的入侵攻击。

总之，政务数据面临的安全风险涉及各业务部门、系统中数据流转的全过程，与数据生命周期息息相关。政务数据共享开放过程的安全风险因素主要潜藏于数据存储加工、数据共享开放以及共享交换平台环节，具体包含如下三方面。

（1）数据存储加工风险

在政务数据跨部门、跨行业融合利用过程中，各应用场景下需要收集多方的数据，集中存储，进行加工处理后使用，由于各行业标准的不同，在涉及多个领域政务数据时难以统一管控。部分重点领域和行业已经形成个人信息分类分级方法或指引，但符合行业特点的重要数据分类分级标准或指南尚未形成，部分领域未制定数据分类分级安全技术要求，使得部分数据缺乏有效的安全防护，容易发生数据非授权访问等风险。

（2）数据共享开放风险

数据共享开放扩大了数据访问的范围，政务数据资源跨部门、跨领域共享使用不免被各方调取、使用或存储到本地，由此存在共享管理责任不明确，数据超范围共享，扩大数据暴露面等安全风险和隐患。任何一个数据使用方未按照要求共享开放数据、未严格控制数据共享范围或防护措施不当，都可能导致数据未按照预设规则被访问、使用，进而引发数据泄露或滥用，使得个人隐私、企业利益乃至国家安全受到影响。

（3）数据共享平台风险

政务数据共享交换平台作为政务数据汇聚的中心，不管是经济还是战略层面都具有极大价值，成为备受关注的攻击目标。共享交换平台通常采用分布式部署，大范围互联互通涉及的软/硬件较多，任何关键节点遭受故障或攻击，都可能导致整体安全出现问题。攻击者可以从防护能力薄弱点着手突破，通过破坏计算节点、篡改传输数据和渗透攻击，最终达到破坏或控制整个系统的目的，用户或管理终端也可能成为攻击共享交换平台的跳板。如果终端身份认证和访问控制系统防护不足，容易被攻击者非法获取共享交换平台以及政务信息系统的高级权限，进行非法数据操作。

2. 政务数据共享开放的安全框架

为应对政务数据在共享开放中可能面临的安全风险，政务数据安全防护能力建设应基于数据共享交换平台、数据开放平台、大数据平台和数据服务总线等基础设施，统一政务数据应用通道，支撑政务业务流转，提供政务数据共享开放能力。从数据生命周期、数据安全技术、数据业务活动、安全管理体系、安全运维体系等方面综合构建政务数据共享开放安全框架，提升政务数据的体系化安全保障能力。

从数据生命周期上分析，应在各环节落实有效的安全措施，防范安全风险。

（1）数据采集

数据采集安全环节应明确政务数据采集原则、方法和目的，对数据源进行质量监测和有效管理，确保数据采集和汇聚的正当、合法、合规；数据采集过程中，可以通过认证、密码算法、审计等技术保障采集安全。

（2）数据传输

数据传输安全环节要确保政务数据的完整性、机密性，防止数据被篡改、窃取。数据传输中，可采用校验技术或密码技术保证数据在传输过程中的完整性；采用深度内容检测技术对传输中的敏感内容进行监测，阻断非法传输，防范敏感信息泄露；建立数据传输安全策略和数据传输接口安全管理规范，并构建数据传输通道对源端进行身份鉴别和认证的能力。

（3）数据存储

数据存储安全环节要确保存储数据的机密性、可用性，支撑政务数据存取的安全需求，根据政务数据分类分级实际情况，建立不同等级的数据存储逻辑城对应存储，并进行有效容灾备份、采取数据加密、数据容灾、数据合规性检测等技术，还要对数据库、数据共享交换平台、存储文件等实施相应的安全防护，保障政务数据在存储和安全传输过程中的完整性。

（4）数据处理

数据处理是对数据进行整工、分析的过程，此环节能够最直接、深入的接触数据，也面临更大的安全风险。数据处理环节的安全要点包括权限控制、访问控制、行为审计、事件溯源、流量监控，数据脱敏、数据加密等。

（5）数据交换

政务数据共享开放过程中，数据在不同控制者之间的交换和使用、所有数据活动都是在数据交换中通过相应的数据接口完成，此环节需要重点关注接口安全、权限控制、行为审计、事件溯源等。

（6）数据销毁

数据销毁环节应根据数据资源目录中对各级各类数据共享开放期限的要求，在停止共享开放服务、数据使用以及存储空间释放再分配等场景下，对数据库、服务器和终端中的剩余数据以及硬件存储介质等，采用数据擦除或者物理销毁的方式确保数据无法复原，确保数据被有效销毁。

3. 网络安全的制度与组织

（1）组织架构

在组织架构层面，将政务数据开放共享的安全管理要求进行统一管理，实现各级管理架构、管理要求的一致性；建立责任明确、程序清晰的政务数据安全管理组织架构，明确主管部门和相关部门工作职责、工作程序和协调机制，确保政府部门内外部管理的完整性，实现工作高效协调和统筹管理。

（2）管理制度

制定政务数据共享开放安全规划和管理制度，规范共享开放的审批和工作流程、对政务数据安全管理过程进行规范。相关管理制度包括数据资产管理、数据分类分级、人员管理、风险管理、合规管理等。

（3）人员权限管理

制定人员管理要求，对政务数据共享开放相关业务的参与人员进行全面管理，包括背景调查、签署保密协议和数据安全岗位责任协议、人员调离岗位时的权限配置调整等；有效识别内外部人员、特定管理岗位人员、关键技术岗位人员的身份；遵循最小授权原则，确保管理要求落实，确保政务数据访问、使用的安全可控。

（4）上下游合作方管理

在实现政务数据共享开放时，若与外部合作第三方或相关服务机构存在交互，应明确合作方机构管理制度，对合作方机构进行审查与评估，签署数据合作协议，对第三方人员严格管理，并对机构及人员进行监督，确保不因外部机构合作或第三方的应用接入而危害政务数据安全。

综上所述，应对注重政务数据共享开放中的合规管理与审查，建立合规风险识别、评估及处置的制度和流程，突出重点领域、重点环节和重点人员；对风险发生的可能性、影响程度、潜在后果等进行系统分析，针对发现的风险制定预案，采取有效措施，及时应对处置，切实防范合规风险。

三、政务数据共享中的法律问题

1．“政务数据”与“公共数据”等概念的厘清

首先，《网络安全法》采用的是“政务数据”概念，从国家已出台的重要政策文件来看，“政务信息资源”“公共信息资源”“政务数据（资源）”“政府数据”和“公共数据（资源）”等概念均在使用，而“政务信息资源”和“公共信息资源”使用较少。

在实际法律概念解读中，“政务信息”与“政务数据”的定义及内涵基本一致，以“数据”（政务数据、公共数据）替代“信息”（政务信息资源、公共信息资源）的趋势已经十分明显，为了推动社会需求较大的医疗、金融等应用领域的数据开放，部分地区将具有公共服务职能的事业单位数据一并纳入政务数据管理要求。

其次，“公共数据”与“政务数据”具有范围上的区别，公共数据包括了政府部门的政务数据，和其他具有公共管理、服务职能部门在其履职行为中所收集和产生的数据。

在《上海市公共数据开放暂行办法》中，公共数据是指本市各级行政机关以及履行公共管理和服务职能的事业单位，在依法履职过程中，采集和产生的各类数据资源。

在《浙江省公共数据开放与安全管理暂行办法》中，公共数据是指各级行政机关以及具有公共管理和服务职能的事业单位，在依法履行职责过程中获得的各类数据资源。

在《深圳经济特区数据条例》中，公共数据是指公共管理和服务机构在依法履行公共管理职责或者提供公共服务过程中产生、处理的数据。

《广东省人民政府关于印发广东省数据要素市场化配置改革行动方案的通知》将公共数据与政务数据的概念同时使用，既提到了公共数据的促进管理方案，又提到优化全省政务数据共享协调机制，制定相关实施方案，加快推进政务数据有序共享。

《数据安全法》则采用政务数据的概念进行法律规范，但未对政务数据的概念进行明确规定。从其规范指向上来看，政务数据是指国家机关在履行法定职责的需要收集、使用数据。

《数据安全法》规定：

> **第四十三条** 法律、法规授权的具有管理公共事务职能的组织为履行法定职责开展数据处理活动，适用本章规定。

由此可见，《数据安全法》第五章将数据规范从政务数据扩大到了公共数据的范畴。

由此可见，政务数据与公共数据在范围上具有区别，存在一定的包含关系，但在数据治理和利用上又存在着规范性的统一，具有共同的法律规范渊源和标准。

2. 政务数据开放中的法律义务

根据《数据安全法》的“政务数据安全与开放”内容，国家机关以及具有管理公共事务职能的组织在实施“政务数据开放”中应遵循法律保留原则。法律保留原则是政务数据共享与开放的底线。

以处罚领域所获取的数据为例，行政处罚作为一种行政规制手段，包含了行政机关对行政相对人员违法行为的否定性评价。信息时代下将行政处罚相关数据予以开放，必然会引起社会公众对相对人的负面评价，使其名誉受损。

因此，对于处罚类数据的开放，还应当遵循《中华人民共和国行政处罚法》关于处罚决定公开的规定。例如，涉及国家秘密、商业秘密、个人隐私的政务数据除了要遵循数据安全法的保密义务，还应当厘清与《中华人民共和国民法典》《中华人民共和国网络安全法》《中华人民共和国国家安全法》《中华人民共和国保密法》和《中华人民共和国个人信息保护法》等法律的边界，解决好法律之间适用和衔接问题，如表 12-1 所示。

表 12-1

<table>
<tr><th>概　要</th><th>条款内容</th><th>解　　读</th></tr>
<tr><td>法律导向</td><td>第三十七条　国家大力推进电子政务建设，提高政务数据的科学性、准确性、时效性，提升运用数据服务经济社会发展的能力。</td><td>电子政务的建设依赖于将政务数据平台作为政务数据的载体并进行开发利用和集中管理。推动电子政务建设，深层次上就是政务数据的平台化</td></tr>
<tr><td>信息保密义务</td><td>第三十八条　国家机关为履行法定职责的需要收集、使用数据，应当在其履行法定职责的范围内依照法律、行政法规规定的条件和程序进行；对在履行职责中知悉的个人隐私、个人信息、商业秘密、保密商务信息等数据应当依法予以保密，不得泄露或者非法向他人提供。</td><td rowspan="5">① 建立内部数据使用规范。适用范围需与法定职责相互匹配。对此，不同的国家机关、行使公共管理的职能部门应当制定适合本机关、本部门的数据收集、使用制度，作为履职行为的依据，并根据业务的变化、数据级别、公开目录的变化进行及时调整
② 建立内部安全管理制度。对于安全管理制度的问题，前面已经多次提及，政府机关、公共管理职能部门的安全管理职责在比照之前提及的企业安全管理职责的同时，要根据政务数据开放的相关规定进行适当的调整
③ 建立供应商安全审查及监督管理制度。包括供应商安全管理制度的审查；产品、服务的安全审查；日常监督的安全审查，并做好审查日志的留存
④ 依照国家政务数据公开目录建立本部门数据公开指引</td></tr>
<tr><td>安全保障义务</td><td>第三十九条　国家机关应当依照法律、行政法规的规定，建立健全数据安全管理制度，落实数据安全保护责任，保障政务数据安全。</td></tr>
<tr><td>审查监督义务</td><td>第四十条　国家机关委托他人建设、维护电子政务系统，存储、加工政务数据，应当经过严格的批准程序，并应当监督受托方履行相应的数据安全保护义务。受托方应当依照法律、法规的规定和合同约定履行数据安全保护义务，不得擅自留存、使用、泄露或者向他人提供政务数据。</td></tr>
<tr><td rowspan="2">依法公开义务</td><td>第四十一条　国家机关应当遵循公正、公平、便民的原则，按照规定及时、准确地公开政务数据。依法不予公开的除外。</td></tr>
<tr><td>第四十二条　国家制定政务数据开放目录，构建统一规范、互联互通、安全可控的政务数据开放平台，推动政务数据开放利用。</td></tr>
<tr><td>延伸适用</td><td>第四十三条　法律、法规授权的具有管理公共事务职能的组织为履行法定职责开展数据处理活动，适用本章规定。</td><td>公共数据的安全保障与利用适用本章的规范。由此，本章的适用主体延伸至具有一定公共管理职能的事业单位</td></tr>
</table>

3. 合规建议

政务数据涉及大量个人隐私甚至涉密信息，如何在开放的同时保护个人及国家数据安全，是所有政务及公共数据持有部门面临的首要问题，也是各级政府及公共服务机构推行政务大数据开放需要迫切加强建设的核心能力之一。政务数据开放的数据安全核心能力建设可以依据数据分发体系搭建、数据安全技术应用、法律协议保障、服务对象信息安全能力测评四方面进行。

（1）依据开放对象搭建分类分级的数据分发体系

政务及公共数据开放的对象比较广泛，既有上级单位，也有同级政府及企事业单位，甚至可能面向个人。这些对象拥有的权限、需求及数据保密能力差异较大。考虑到政务数据开放大部分是单向开放的情况，可以根据不同类型对象的权限及保密能力等要素进行分类，进而搭建面向不同对象服务的数据分级分发体系。在原始数据平台，向各级对象数据服务平台分发数据时，根据既定规则进行数据脱敏的处理，确保特定分发对象只能访问到特定的分发平台数据，从而建立一个以原始数据源为核心的树状数据服务平台。

（2）采用加密及脱敏等数据安全技术

依赖上述分级分类的数据分发平台，根据需要配置既定的加密及脱敏规则，在数据从原始数据源分发到前段数据服务平台的过程中，对数据库关键字段或文档中关键敏感信息（如身份证、银行卡号等）进行自动识别并加密或脱敏处理，确保个人隐私信息或涉密信息不会被滥用。

（3）通过法律协议明确服务对象的数据安全保护义务

数据开放单位必须邀请专业法律顾问单位，结合数据的情况，针对不同的服务对象签订明确的数据保密义务协议：一方面，提升数据服务对象的安全保密意识；另一方面，明确双方权责。

（4）服务对象数据安全防护能力进行测评

政务或公共数据开放单位要通过第三方测评机构，建立针对服务对象的数据安全防护能力测评机制。对于没有达到相应防护能力的机构，应该要求其进行整改，从而降低数据被滥用或隐私泄露的风险。

反侵权盗版声明

举报电话：（010）88254396；（010）88258888

传　　真：（010）88254397

E-mail：　dbqq@phei.com.cn

通信地址：北京市万寿路 173 信箱

　　　　　电子工业出版社总编办公室

邮　　编：100036